Fait par Mon Autre Librairie
À partir de l'édition Ottawa Printing Co,
Ottawa, 1922.

———————

© 2019, Mon Autre Librairie
Édition : BoD – Books on Demand
12/14 rond-point des Champs-Élysées, 75008 Paris.
Impression : BoD - Books on Demand, Norderstedt,
Allemagne
ISBN : 978-2-491445-06-5
Dépôt légal : décembre 2019

Le Grand Dérangement

Le Grand Dérangement

Sur qui retombe la
responsabilité
de l'expulsion des Acadiens

Placide Gaudet

Table des matières

Avant-propos 1

I – Rôle infâme de Winslow à la Grand-Prée 7

II – La question de déporter les Acadiens 11

III – Boscawen approuve la déportation 15

IV – Shirley et Lawrence. Où ce dernier dévoile son jeu 19

V – Correspondance de Lawrence. Les Acadiens sont « sa bête noire » 29

VI – Où Lawrence avoue son crime 33

VII – Lawrence et son protecteur le comte d'Halifax 37

VIII – Départ de Hopson. Lawrence le remplace 41

IX – Correspondance de Lawrence avec les autorités britanniques 47

X – Continuation de la correspondance de Lawrence 51

XI – Réponse des lords commissaires du Commerce et desColonies à Lawrence 59

XII – Diverses interprétations données à la lettre de sir Thomas Robinson, du 13 août 1755 63

Appendice A 79

    L'église St-Charles de la Grand-Prée 79

Appendice B 93

    À propos des limites de l'Acadie. 93

Appendice C 99

    L'achat du terrain de l'église de la Grand-Prée. 99

Appendice D 103

    Le parc commémoratif de la Grand-Prée. 103

Appendice E 107

    Le monument d'Évangéline à la Grand-Prée. 107

Appendice F 113

NOTE 117

Un Cri de Ralliement 119

    Aux Acadiens des Provinces Maritimes, de la Province de Québec, des États de la Nouvelle-Angleterre et de la Louisiane. 119

Je dédie ces pages à la mémoire toujours chère des martyrs de 1755, et pour l'édification de la piété filiale de leurs nombreux descendants, afin « que les pères le redisent à leurs fils, et que ceux-ci le redisent à ceux qui naîtront d'eux, de générations en générations. »

Publié par le Comité Église-Souvenir, dont le Rév. André D. Cormier, de Shédiac, est l'énergique et zélé président.

Avant-propos

Nos pères ont qualifié leur bannissement de l'Acadie du nom de *Grand Dérangement* et leurs descendants ont continué à lui donner cette appellation.

Les terres et les marais fertiles qu'ils possédaient dans les districts de Port Royal, des Mines et de Beaubassin, furent confisqués et donnés à des colons d'origine anglo-saxonne, et ces localités sont aujourd'hui peuplées d'habitants de langue anglaise. Néanmoins, nous avons la consolation d'avoir à nous, en grande partie, le territoire qui formait en 1755 l'*Acadie française*, autrement dit le district de l'Isthme de Chignictou que jadis on nommait improprement l'Isthme de Gédaic. Ce territoire comprend les comtés de Westmorland et d'Albert. Dans ce dernier comté il y a très peu d'Acadiens, mais nous sommes très nombreux dans celui de Westmorland, bien que n'y étant pas en majorité.

De toutes les localités occupées par les Acadiens lors du Grand Dérangement, seul le comté de Westmorland possède des descendants des martyrs de 1755. À l'exception de la rivière Saint-Jean, les autres comtés du Nouveau-Brunswick n'étaient pas encore établis à cette époque. Les Acadiens de la Nouvelle-Écosse, du Cap-Breton et de l'Ile du Prince-Édouard occupent des terres où il n'y avait pas d'habitants lors de la catastrophe de 1755. La grande et vieille paroisse acadienne de Memramcouk a l'insigne honneur, avec la jeune paroisse de Sackville, autrefois la Prée-des-Bourg, à Tintamarre, d'être sur un territoire que nos pères occupaient lors du Grand Dérangement. Il y avait quelques habitants au Coude (aujourd'hui Moncton) et à Petcoudiac, devenu St-Anselme du Ruisseau-des-Renards, mais leur nombre était si infime que je m'abstiens de considérer les paroisses acadiennes de l'Assomption et de St-Anselme sur le même pied d'ancienneté que les deux premières.

Cent soixante et six années se sont écoulées depuis le Grand Dérangement. Lawrence croyait, en bannissant nos pères, anéantir entièrement la race acadienne ; il s'est grandement trompé : nous sommes nombreux aujourd'hui et l'on est forcé de nous traiter sur le même pied d'égalité que les autres nationalités. Nous avons nos agriculteurs, nos industriels, nos marchands, nos avocats, nos médecins, nos instituteurs, nos inspecteurs d'écoles, nos journalistes, nos députés aux législatures provinciales, ainsi que des ministres, et, au parlement fédéral, nous comptons trois sénateurs acadiens et trois députés. Quelques-uns des nôtres sont fonctionnaires de l'État, à Ottawa, et d'autres sont professeurs aux écoles normales de Truro, de Frédericton et de Charlottetown. Un des nôtres, feu sir Pierre Landry, fut pendant nombre d'années juge en chef de la Cour Suprême, division du Banc du Roi, au Nouveau-Brunswick, et un autre, l'honorable Aubin E. Arsenault, a été premier ministre de sa province, l'Ile du Prince-Édouard, et aujourd'hui il est juge de la Cour Suprême, en sa province natale.

Nous avons, dans la personne de Mgr S. J. Doucet, P.D., de la Grande-Anse, N.-B., et dans celle de l'honorable sénateur Pascal Poirier, de Shédiac, deux des plus érudits du Canada.

Nous avons un clergé acadien modèle, tant séculier que régulier, dont plusieurs docteurs en théologie de l'Université Laval de Québec, et d'autres de Rome. Nous avons plusieurs prélats romains et des grands vicaires. Le Nouveau-Brunswick est divisé en deux diocèses, ceux de St-Jean et de Chatham, et les titulaires sont deux Acadiens, savoir : Nos Seigneurs LeBlanc et Chiasson.

Trois collèges classiques, de nombreux couvents et de multiples écoles dans chacune de nos paroisses répandent le flambeau de l'éducation à la jeunesse acadienne.

Nous vivons en paix avec nos voisins de langue anglaise. Notre population augmente graduellement, tandis que la leur diminue. Les berceaux sont et seront notre force, et c'est là où nous avons l'avantage sur eux. Donc, l'avenir nous sourit.

Pour compléter ce que nous pouvons appeler à juste titre le Grand Arrangement, nous allons ériger, sur un terrain qui nous a été cédé dans le parc de la Grand-Prée, une église sise à peu près sur l'emplacement de celle de St-Charles de la Grand-Prée, où nos pères tombèrent, le 5 septembre 1755, dans l'infâme guet-apens que Winslow leur tendit. C'est là que devait avoir lieu, cette année, le huitième congrès général des Acadiens de tout le Canada et des États-Unis. La date en avait été fixée pour 1920, mais il a fallu la remettre à la présente année à cause de la maladie du Président, M. le sénateur Poirier. Mais, hélas, la santé de ce grand patriote ne lui permit pas de présider ce congrès du souvenir qui a eu lieu non à la Grand-Prée, mais à la Pointe-de-l'Église, à la Baie Sainte-Marie, d'où les congressistes se sont rendus à la Grand-Prée prendre possession du terrain où était l'église de Saint-Charles en 1755.

D'après des arrangements faits en 1919, le dévoilement de la statue d'Évangéline devait se faire en même temps que ce congrès. Le congrès acadien n'ayant pas lieu en 1920, la compagnie du chemin de fer du Dominion Atlantic a profité de la présence des délégués de la Presse Impériale pour faire ce dévoilement le 29 juillet 1920.

On trouvera aux derniers appendices de plus amples détails sur le parc de la Grand-Prée et la statue d'Évangéline.

Le travail que je soumets humblement au public fournira des données sûres à ceux qui se livrent à l'étude de cette partie de l'Histoire de l'Acadie.

Dans les pages qui vont suivre, le lecteur trouvera de nombreux extraits de documents tirés de multiples volumes de pièces officielles déposées aux Archives publiques du Canada. L'étude de ces extraits, pour la plupart inédits, contribuera, je n'en doute pas, à jeter de la lumière sur une question si diversement interprétée.

J'y ajoute de nombreux appendices d'une grande valeur historique. J'attire l'attention du lecteur sur l'appendice B, où il trouvera des éclaircissements tout nouveaux sur la dernière partie de la fameuse lettre du chevalier Thomas Robinson du 13 août 1755, à Charles Lawrence, le kaiser qui commandait alors à Halifax.

La construction d'une église dans le parc de la Grand-Prée, l'érection de la statue d'Évangéline – don gracieux de la compagnie du Dominion Atlantic – la nomination de deux évêques acadiens au Nouveau-Brunswick et la prise de possession d'un terrain à la Grand-Prée à ce Congrès Souvenir le 18 août 1921 – constituent ce qu'on peut justement appeler le GRAND ARRANGEMENT.

Que mon chef, Monsieur le Dr A. G. Doughty, C.M.G., Archiviste du Canada, daigne accepter les sentiments de ma plus vive reconnaissance pour l'encouragement qu'il n'a cessé de me donner pour la préparation de cette étude et pour les recherches qu'il a fait faire à Londres afin de trouver certains documents essentiels qui me manquaient, mais que, malheureusement, on n'a pu découvrir.

Je dois également des remerciements à Monsieur le major Gustave Lanctôt et à Monsieur David Parker, pour les recherches qu'ils m'ont faites au British Museum.

Je remercie aussi M. l'avocat Antoine J. Léger, de Moncton, pour l'envoi d'une copie du contrat passé entre la compagnie du chemin de fer Dominion Atlantic et la Société L'Assomption.

Je remercie également M. Alexandre Doucet, secrétaire général de la Société L'Assomption, pour copie des procès-verbaux relatifs à l'achat du terrain de la Grand-Prée.

La traduction de la plupart des nombreux extraits de documents anglais qu'il y a dans ce volume a été faite par une de nos meilleures plumes du Canada, Monsieur Fabien Vanasse, ancien député au parlement fédéral et aujourd'hui un des hauts fonctionnaires aux Archives publiques du Canada. Je l'en remercie bien chaleureusement, ainsi que Mlle V. Bigras, qui a dactylographié ce travail.

À la Grand-Prée, ce 18 août 1921, jour de la prise de possession du terrain de l'église de Saint-Charles par les Acadiens, et le 166ᵉ anniversaire de l'arrivée du lieutenant-colonel John Winslow et de ses soldats à l'embouchure de la rivière Gaspareau, d'où le lendemain il débarqua à la Grand-Prée avec ses hommes pour enlever et déporter nos pères, ce qu'il exécuta deux mois plus tard.

PLACIDE GAUDET

I – Rôle infâme de Winslow à la Grand-Prée

La déportation des Acadiens a-t-elle été ordonnée par le roi d'Angleterre ou par quelques-uns de ses ministres ? Si l'on se base sur le texte du document que le lieutenant-colonel John Winslow[1] lut, le 5 septembre 1755, aux Acadiens réunis dans l'église de Saint-Charles de la Grand-Prée par sa sommation péremptoire du 2 du même mois, on ne peut répondre que par l'affirmative.

En effet, Winslow débute par ces paroles : « J'ai reçu de Son Excellence le gouverneur Lawrence,[2] *les instructions du roi, que j'ai entre les mains.* » Et plus loin il ajoute : « Je vais faire connaître *les instructions et les ordres de Sa Majesté*, qui sont que vos terres et vos maisons et votre bétail et vos troupeaux de toutes sortes, sont confisqués au profit de la Couronne, avec tous vos autres effets, excepté votre argent et vos mobiliers, et que vous-mêmes vous devez être transportés hors de cette province. Les *ordres péremptoires de Sa Majesté sont que tous les habitants de ces districts soient déportés.* »[3]

---

[1] John Winslow, soldat américain, né à Plymouth, Mass., le 27 mai 1702, décédé à Hingham, Mass., le 17 avril 1774.
[2] Charles Lawrence, né à Plymouth, Angleterre, le 14 décembre 1709, et décédé à Halifax le 19 octobre 1760.
[3] *Journal of Colonial Winslow*, publié en 1883 et 1885 dans les volumes III et IV des Collections de la Société Historique de la Nouvelle-Écosse.

Voilà un langage net et sans ambiguïté. C'est, d'après Winslow, le roi d'Angleterre qui a ordonné la déportation des Acadiens. Or, puisqu'il en est ainsi, comment se fait-il que Winslow ait pu omettre d'inscrire dans son journal « les instructions et les ordres du roi » à cet effet ? Il les a « entre les mains », dit-il, et l'on est en droit de se demander pourquoi ne les trouve-t-on pas dans son journal où il insère tous les documents qu'il reçoit et ceux qu'il écrit, ainsi que les événements de chaque jour.

N'oublions pas que Winslow était un officier militaire et qu'il lui fallait obéir aux ordres formels qui lui étaient donnés par le commandant en chef de la province. Mais, d'intelligence avec le capitaine Alexander Murray,[4] qui commandait au fort Edouard à Piziquid (Windsor), il a commis l'infamie, ainsi que Murray, de se servir du nom du roi d'Angleterre, George II, pour mieux tromper les Acadiens. Non, Winslow n'avait pas « entre les mains les instructions et les ordres de Sa Majesté », car ils seraient inscrits dans son journal. Voilà plus de quarante-cinq ans que je cherche le texte de ce prétendu document, et nulle part il n'en est fait mention, sauf dans les discours de Winslow. Lawrence n'en parle pas, le secrétaire d'État est muet sur ce sujet, de même que les lords commissaires du bureau du Commerce et des Colonies. Donc il n'a jamais existé ! Les instructions et les ordres dont parle Winslow ne sont autre que les « instructions scellées » qui lui furent envoyées par Lawrence lui-même ; elles sont datées d'Halifax le 11 août 1755. En voici le premier paragraphe : « Après avoir fait connaître au capitaine Murray, par ma lettre du 31 juillet dernier, les raisons qui ont fait prendre au Conseil de Sa Majesté (à Halifax) la résolution de chasser tous les habitants français et de purger le pays de si mauvais sujets (laquelle il vous communiquera en même temps que les instructions que je lui ai envoyées depuis) il ne me reste plus qu'à vous donner les ordres et les instructions

---

[4] Alexandre Murray, nommé major du 45e régiment le 1er octobre 1755.

nécessaires à l'exécution d'un projet si solennellement décidé. »⁵ Suivent les instructions de Lawrence où il n'est nullement question d'instructions et d'ordres reçus de Sa Majesté, mais d'empêcher les Acadiens de s'enfuir, de s'en emparer, de les mettre à bord des navires et de les déporter.

Une lettre de Lawrence à Winslow, de la même date, dit : « Les instructions ci-incluses renfermant toutes les explications nécessaires à l'égard de ce qu'il y a à faire, je n'ai rien à y ajouter, sinon que vous devez avoir recours aux moyens les plus sûrs pour rassembler les habitants et les embarquer, *et vous servir de ruse ou de force, selon les circonstances.* »⁶

Le 30 août, Winslow inscrit dans son journal : « Le capitaine Murray est venu, hier au soir, et a apporté toutes les commissions et les lettres sus-mentionnées. Nous avons considéré les mesures à prendre pour déporter tous les habitants des villages de la Grand-Prée, des Mines, des Rivières-aux-Canards, des Habitants et de Gaspareau. Nous avons décidé de convoquer tous les habitants mâles de ces villages à l'église de la Grand-Prée, pour le 5 septembre prochain, *sous le prétexte de leur communiquer les instructions du roi.* Le même jour, le capitaine Murray devra rassembler de la même manière, au fort Edouard, les habitants de Piziquid et des villages adjacents. J'ai écrit aujourd'hui au colonel Lawrence pour lui faire connaître le plan que nous avons adopté. »

Par sa lettre du même jour, Winslow dit : « Bien que nous soyons chargés d'un devoir pénible à remplir, je crois que les mesures prises sont nécessaires et je m'efforcerai de suivre rigoureusement vos ordres. »

On a vu par l'extrait qui précède que Lawrence dit à Winslow de « se servir de ruse ou de force selon les circonstances », et Winslow nous apprend que le 30 août 1755 Murray et lui ont décidé de rassembler les habitants sous le prétexte de leur communiquer les instructions du roi. »

---

⁵ Journal of Colonel Winslow.
⁶ Journal of Colonel Winslow.

Ces mots « *sous le prétexte* de leur communiquer les instructions du roi » nous font voir que Winslow mentait effrontément en disant aux Acadiens réunis dans l'église de Saint-Charles de la Grand-Prée que « *les ordres péremptoires de Sa Majesté* sont que les habitants de ces districts soient déportés. » Ces « ordres péremptoires », il les avait reçus de Lawrence. Et quand il dit aux Acadiens qu'il a entre les mains les instructions du roi qu'il a reçues de Son Excellence le gouverneur Lawrence, il les trompe sciemment et impudemment. De plus, Winslow eut la hardiesse de se servir du nom du roi d'Angleterre pour accomplir son rôle ignoble, se conformant en cela aux ordres de Lawrence de se « servir de ruse ou de force selon les circonstances. »

II – La question de déporter les Acadiens

Ce point d'histoire étant réglé, examinons à présent si George II, roi d'Angleterre, ou son cabinet, sont impliqués dans la tragédie acadienne.

À diverses reprises il fut question de chasser les Acadiens et de les remplacer « par de bons sujets protestants. » C'est surtout depuis la prise de Louisbourg par les Anglais, en 1745, que ce projet devint le sujet de nombreuses correspondances au secrétaire d'État de la part de Mascarène, Shirley, Knowles et autres.

Par sa lettre du 19 juillet (N.S.) 1747, (8 juillet vieux style.) William Shirley,[7] gouverneur de la province du Massachusetts, fait part au duc de Newcastle,[8] secrétaire d'État, de son projet de déporter les Acadiens du district de Chignictou quelque part en la Nouvelle-Angleterre, de les disperser dans les quatre gouvernements et de les remplacer par autant de famille de la Nouvelle-Angleterre. Shirley exprime la confiance que par ce moyen ce nouvel établissement anglais de Chignictou prendra bientôt des développements considérables en raison des mariages mixtes qui se feront avec des personnes des autres districts et que la plus grande partie des familles issues de ces mariages deviendraient, en

---

[7] William Shirley, né dans le comté de Sussex, en Angleterre, le 2 décembre 1694, mort à Roxbury, Mass., le 24 mars 1771.
[8] Thomas Pelham-Holles, duc de Newcastle, homme d'État, né le 21 juillet 1693, mort le 17 novembre 1768.

grande partie du moins, après deux ou trois générations, des Anglais protestants.

Cette lettre parvint au duc de Newcastle le 4 octobre (N.S.) 1747 (ou 23 septembre V.S.)[9] et le 14 (N.S.) du même mois (soit le 3 octobre vieux style), en collaboration avec lord Anson et sir Peter Warren, le secrétaire d'État rédigea une longue dépêche à Shirley, « dépêche humblement soumise à l'approbation de Sa Majesté. » J'en extrais les passages suivants :

« Sa Majesté a pris en considération votre dépêche du 19 juillet (N.S.) ou 8 juillet V.S., par laquelle vous nous dites qu'il faudrait déporter les habitants français de Chignictou dans la Nouvelle-Angleterre et les disperser dans les quatre provinces, et que les 2.000 hommes qui seraient envoyés de la Nouvelle-Angleterre pour chasser les troupes françaises de Chignictou, devraient se partager ce district entre eux, à condition qu'ils s'y établissent avec leurs familles de la manière qu'on leur indiquera. Et bien qu'un tel changement des habitants de cette partie de la province, qui est la plus exposée à l'ennemi, soit à la vérité très désirable, il est cependant à craindre que ce projet ne puisse être exécuté sans grande difficulté ni sans danger dans ce moment-ci, alors que les émissaires français s'efforcent de faire renoncer les habitants à leur allégeance à Sa Majesté. Et il n'y a pas de doute qu'on interpréterait cette démarche comme une preuve indéniable qu'on veut enlever aux habitants de cette province la possession de leurs propriétés ; comme vous savez, cette rumeur a déjà circulé parmi les habitants, et ma dépêche du 10 juin (N.S.) vous enjoignait de la contredire de la manière la plus solennelle au nom de Sa Majesté. Mais on ne peut pas s'attendre que les habitants de la Nouvelle-Écosse ajoutent foi aux déclarations que vous pourrez faire à ce sujet quand ils verront qu'une partie de ce projet aura été mis à exécution par la déportation des habitants de l'un des districts de la province.

---

[9] Série C.O.5, vol. 901. – *New England*, fol. 136.

« Il y a de grandes raisons de craindre qu'un tel acte produise une révolution générale dans cette province ; c'est pourquoi Sa Majesté, toute chose considérée, juge bon d'ajourner pour le présent l'exécution d'un pareil projet.

« Cependant, Sa Majesté vous prie de considérer comment un tel projet pourrait être exécuté, en temps convenable, et quelles précautions faudrait-il prendre pour prévenir les inconvénients que l'on redoute. »[10]

C'est grâce à l'amabilité de mon camarade de bureau, M. le major Gustave Lanctôt, si j'ai pu me procurer l'extrait tout à fait inédit qu'on vient de lire. Il m'en a fait une transcription au British Museum au cours du mois de janvier 1919.

C'est, jusqu'à présent, la seule pièce officielle venant du secrétaire d'État que j'aie lue où il est question de déporter les Acadiens. Si d'autres documents relatifs à ce sujet existent, ils ne sont pas connus, et s'il y en a – ce qui semble douteux – ils peuvent être dans la correspondance de sir Thomas Robinson, mais cela me semble très problématique.

Quoiqu'il en soit, l'extrait ci-dessus est une preuve irrécusable que huit ans avant le drame de 1755, le roi d'Angleterre « jugeait bon d'ajourner pour le présent l'exécution d'un pareil projet. » Que décida-t-il dans la suite ? Mystère.

Bien qu'il ne paraisse pas raisonnable, ni vraisemblable même, qu'un simple petit lieutenant-gouverneur d'une province en Amérique ait osé prendre sur lui-même la responsabilité de bannir toute une population sans en avoir été préalablement autorisé, les faits et les preuves sont là qui rendent Lawrence responsable du crime du bannissement des Acadiens.

Le vice-amiral Edward Boscawen a inscrit dans son journal, à la date du 17 avril, l'entrée suivante : « J'ai reçu des mains d'un des messagers de Sa Majesté une lettre de sir Thomas Robinson,[11]

---

[10] Ibid., folio 157.
[11] Thomas Robinson, diplomate anglais, 1695-1770.

un des principaux secrétaires de Sa Majesté, avec mes instructions secrètes portant la signature du souverain. »

Les *Secret instructions for vice-admiral Boscawen given at our Court at Saint James, April 16th, 1755*, sont au Record Office, à Londres.

Par ces instructions secrètes, Boscawen devait se rendre à Halifax avec son escadre, y rallier les vaisseaux, qui se trouvaient déjà dans ces eaux sous les ordres du commodore Augustus Keppel, et se mettre en rapport avec le général Braddock. Mais il ne s'y trouve pas un mot ayant trait à l'expulsion des Acadiens. Cependant, comme on va le voir, Boscawen a eu beaucoup à faire avec le drame de 1755, et s'il faut en croire un marchand d'Halifax nommé Joseph Gray, il en aurait pris toute la responsabilité.

Je ne connais pas la teneur de la lettre de sir Thomas Robinson du 16 avril 1755 à Boscawen, qui fut confiée à un messager du roi pour être remise à Boscawen, lettre qui accompagnait les instructions secrètes du roi. Un *Nota Bene* de Joseph Gray jette ici un rayon de lumière ; il se lit comme suit : « Je ne suis pas certain que l'amiral Boscawen fut là (Halifax) en cette année (1755), mais je crois que ce fut lui qui détermina le Conseil à adopter la mesure de déporter les Neutres (c'est ainsi qu'on nommait les Acadiens) hors de la province, assumant personnellement la responsabilité de tout blâme pour cette action de la part des autorités. »[12]

Comme Joseph Gray, qui fut un des principaux marchands et aussi un des juges de paix à Halifax, semble, après les événements qu'il relate, avoir résidé à Halifax depuis au moins 1754, rien d'étonnant qu'un membre du Conseil lui eût appris la chose. C'est entre les années 1787 et 1795 qu'il écrivit, à la demande du Dr. Andrew Brown, son *Histoire d'Acadie*.[13]

C'est le même Gray qui hérita du territoire qui forme aujourd'hui la ville de Moneton. Les vieillards m'ont raconté qu'il était le gendre du lieutenant-gouverneur Michael Franklin, qui avait acheté la concession de ces terres du concessionnaire.

---

[12] *Brown Collection* – British Museum.
[13] *Brown Collection* – British Museum.

III – Boscawen approuve la déportation

Le 20 avril 1755, l'escadre anglaise, sous le commandement du vice-amiral Boscawen, faisait voile de Plymouth (Angleterre) et le 9 juillet suivant elle entrait dans le havre d'Halifax, où deux jours plus tard le contre-amiral Savage Mostyn la rejoignait.

Le 16 avril 1755, sir Thomas Robinson, secrétaire d'État, écrivait à tous les gouverneurs britanniques, ainsi qu'aux commandants en chef dans l'Amérique du Nord, une lettre circulaire par laquelle il leur mandait que Sa Majesté envoyait une escadre en Amérique sous le commandement du vice-amiral Boscawen, et qu'il leur fallait s'aboucher avec lui pour la défense de leur province respective.[14]

À peine Boscawen et Mostyn étaient-ils arrivés dans le havre d'Halifax que Lawrence invite à assister aux séances du Conseil, comme en fait foi la pièce suivante : « À la séance du Conseil tenue à la maison du gouverneur à Halifax, le lundi 14 juillet 1755, le lieutenant-gouverneur informe le Conseil qu'il a reçu instruction de Sa Majesté de consulter le commandant en chef de la flotte sur toute question d'urgence concernant la sécurité de la province, et qu'il a l'intention d'envoyer la lettre suivante au vice-amiral Boscawen et au contre-amiral Mostyn :

---

[14] *N. Scotia A.*, vol. 57, fol. 111.

« Monsieur,

« Le Conseil de Sa Majesté étant convoqué pour se réunir à ma maison demain, à onze heures de la matinée, pour prendre en considération les meilleurs moyens de protéger la province contre toute tentative qui nous pourrait venir du Canada ou de Louisbourg en cas de rupture ou de toutes autres mesures violentes auxquelles les Français peuvent recourir en représailles de l'échec qu'ils ont dernièrement reçu relativement à leur empiétement.

« Je dois vous informer que c'est le plaisir de Sa Majesté et de son Conseil de cette province que je sollicite l'honneur de votre présence à nos délibérations. »

Signé : Chas. Lawrence.

« Une lettre identique fut envoyée au contre-amiral Mostyn.

« Le Conseil remercie ensuite Son Excellence et se montre très anxieux d'avoir l'avis des amiraux. »

« Chas. Lawrence.[15]

« Jno. Duport, Secrétaire du Conseil. »

Au procès-verbal de la séance du 25 juillet 1755, on lit : « Sont aussi présents par invitation du lieutenant-gouverneur l'honorable vice-amiral Boscawen et l'honorable contre-amiral Mostyn.

« Le lieutenant-gouverneur soumet aux amiraux les derniers procédés du Conseil relatifs aux habitants français, et il demande aux amiraux de leur donner leur opinion et leur avis à ce sujet.

« Les deux amiraux approuvent les dits procédés et expriment, comme leur opinion, que c'est le temps le plus opportun d'obliger les dits habitants à prêter le serment d'allégeance à Sa Majesté ou de quitter le pays. »[16]

Ce fut à la séance du 28 juillet 1755, à laquelle assistaient le vice-amiral Boscawen et le contre-amiral Mostyn, que furent examinées les mesures à prendre pour la déportation des Acadiens.

---

[15] *Nova Scotia* – B., vol. 8, fol. 188.
[16] Ibid., fol. 190.

En effet, voici ce qui est inscrit au procès-verbal de la séance de ce jour :

« Comme il a été déjà décidé de chasser de la province tous les habitants français s'ils refusaient de prêter le serment, il ne me reste plus que d'examiner les mesures à prendre pour leur expulsion et les endroits sur lesquels ils seront dirigés. À l'unanimité, il est résolu que pour empêcher le retour des expulsés et des tentatives de leur part contre les colons qui hériteraient de leurs terres, il est bon de les distribuer entre les différentes colonies anglaises du territoire américain et de retenir les navires pour leur transport. »[17]

Il y a d'autres aspects à cette question qu'il nous faut étudier. D'abord nous venons de voir qu'à la séance du 14 juillet, Lawrence « informe le Conseil qu'il a reçu instruction de Sa Majesté de consulter le commandant en chef de la flotte sur toute question d'urgence concernant la sécurité de la province. » Et par sa lettre du même jour à Boscawen, il dit : « Je dois vous informer que *c'est le plaisir de Sa Majesté* et de son Conseil de cette province que je sollicite l'honneur de votre présence à nos délibérations."

Faut-il entendre par là que Lawrence veut parler de la lettre circulaire du secrétaire d'État, du 16 avril 1755, ou d'une dépêche qu'il aurait reçue antérieurement et qui nous est inconnue ? Ici encore, nous marchons dans les ténèbres, et au risque de faire un faux pas ou de fausser la vérité historique, on est forcé de ne point se prononcer. Toujours le mystère et pas un seul rayon de clarté pour faire connaître la vérité ! Le fil de la trame nous échappe toujours quand on croit pouvoir l'attacher à la main du roi George. Essayons si nous réussirons mieux en imputant à Lawrence le crime du Grand Dérangement.

---

[17] Ibid., fol. 200.

IV – Shirley et Lawrence. Où ce dernier dévoile son jeu

Depuis de longues années, William Shirley, gouverneur de la baie du Massachusetts, l'ennemi le plus acharné des Acadiens, et Charles Lawrence, qui n'avait jamais pu pardonner aux troupes françaises à Beauséjour, ainsi qu'aux Acadiens qui s'étaient rangés du côté du chevalier de La Corne, au printemps de 1750, qui n'avait jamais pu pardonner, dis-je, la retraite qu'il fut forcé de faire, attendaient une occasion favorable de déporter les Acadiens. Mais ils n'osaient entreprendre la mise à exécution de ce projet tant que les forts de Beauséjour et de Gaspareau, sur l'isthme de Chignictou, seraient en possession des troupes françaises.

Par la ruse et par mensonge, en faisant des fausses représentations au secrétaire d'État,[18] ils réussirent à obtenir l'autorisation d'attaquer ces postes si l'exposé des faits qu'ils lui avaient communiqués était exact.[19] Shirley s'empressa de répondre que ses informations étaient mal fondées,[20] mais cela ne l'empêcha pas de s'entendre avec Lawrence pour faire recruter au Massachusetts un régiment de deux bataillons pour aller s'emparer de ces deux forts. Le lieutenant-colonel Robert Monckton reçut de Lawrence

---

[18] Public Record Office, C.O. 5.
[19] Ibid.
[20] Ibid.

l'ordre de se rendre à Boston pour faire ce recrutement. Ses premières instructions à cet effet portent la date du 7 septembre 1754, et le 29 janvier 1755, le commandant en chef de la province de la Nouvelle-Écosse lui en donna des nouvelles. Le lendemain, 30 janvier (ailleurs Lawrence date cette lettre du 29 janvier), Lawrence écrivait à Monckton comme suit : « Par vos instructions supplémentaires, vous trouverez la substance de la déclaration que vous ferez, dès votre arrivée à Chignictou, aux habitants français de ces districts, les informant du sort qui les attend s'ils refusent de faire ce qu'on exige d'eux, ce qui, pour le présent, consiste à remettre leurs armes et à demeurer tout à fait paisibles dans leurs habitations. Je ne demanderais à aucun d'eux de prêter le serment, vu que la prestation du serment nous lierait les mains et nous empêcherait de les chasser dans le cas où, comme je le prévois, la chose deviendra nécessaire. »[21]

Ici Lawrence dévoile son jeu : il ne veut pas que Monckton fasse prêter le serment d'allégeance aux Acadiens du district de l'isthme de Chignictou, parce que cela lui lierait les mains et l'empêcherait de les expulser. Et notons qu'il écrit cela six mois avant que, de concert avec Boscawen, il décrète la déportation de nos pères. Le drame de 1755 était donc une chose décidée depuis que Lawrence tenait les rênes du pouvoir à Halifax, en l'automne de 1753. Ses nombreuses dépêches au secrétaire d'État et aux lords commissaires du Commerce et des Colonies le prouvent abondamment. Il ne lui manquait que la sanction royale. La reçut-il ? Mystère.

Un fait incompréhensible de la part de Lawrence, c'est que du 18 juillet 1755 au 18 octobre de la même année, il n'écrivit pas une seule fois, ni au secrétaire d'État et ni aux lords commissaires du Commerce et des Colonies, c'est-à-dire durant trois mois. Et que faisait-il pendant ce temps ? Il exécutait le plan infernal d'abord ourdi entre lui et Shirley, et ensuite sanctionné par Boscawen et Mostyn. Et quand tout fut accompli il rendit compte de

---

[21] Vernon. Wager's Collection in the Library of Congress, Washington.

l'action ignoble et barbare qu'il venait de commettre par la lettre suivante à sir Thomas Robinson. Cette dépêche est du 18 octobre 1755 et fut confiée à Boscawen, qui fit voile d'Halifax le lendemain pour Spithead (Angleterre), où il arriva le 16 novembre au matin.[22] Voici : « Depuis ma dernière lettre du 18 juillet 1755, dit Lawrence à Robinson, les députés français des différents districts ont comparu devant le conseil pour donner une réponse finale à la proposition qui leur avait été faite de prêter le serment d'allégeance à Sa Majesté, ce qu'ils refusèrent positivement, et bien qu'on ait employé tous les moyens pour leur faire comprendre leurs véritables intérêts et qu'on leur ait donné un temps suffisant pour délibérer mûrement sur la décision qu'ils allaient prendre, rien ne put les induire à acquiescer à des mesures compatibles à l'honneur de Sa Majesté et à la sécurité de sa province.

« En présence de l'attitude des députés, le conseil s'est déterminé à obliger les habitants français à quitter la colonie, et s'est tout de suite occupé des mesures les plus promptes, les plus sûres, les plus économiques d'exécuter cette décision. Nous vîmes tout de suite que l'expulsion par la force des armes au Canada ou à Louisbourg causerait de grandes difficultés. En effet, par ce procédé, on aurait renforcé ces établissements d'un nombre considérable d'hommes, qui ont toujours été sans exception les ennemis acharnés de notre religion et de notre gouvernement, et qui seront irrités au plus haut degré de la perte de leurs biens. Le seul moyen qui nous parut convenable pour prévenir leur retour ou de les empêcher de se réunir en groupe considérable fut de les répartir entre les Colonies depuis la Géorgie jusqu'à la Nouvelle-Angleterre. Nous avons donc nolisé, au taux le plus bas possible, des bâtiments pour les transporter ; l'embarquement est très avancé ; j'espère que quelques vaisseaux ont déjà mis à la voile et qu'à la fin du mois prochain il n'y en aura plus un seul dans la province. »[23]

---

[22] Admirals Journals, vol. 3.
[23] C.O. 5, vol. 16, fol. 155.

Je ne m'arrêterai pas à relever les mensonges éhontés ayant trait à la prestation du serment d'allégeance que renferment ces extraits de la lettre de Lawrence. Il lui fallait donner une excuse de son crime. On sait que la prestation du serment n'était qu'un prétexte pour pouvoir chasser les Acadiens qui, tous, étaient volontiers de renouveler le serment prêté en 1729 et 1730 et même en 1748 à la Grand-Prée. Ces mensonges peignent bien leur auteur, pour qui tous les moyens sont bons afin d'arriver à son but.

À présent, insérons ici la dépêche-circulaire que Lawrence adressa aux gouverneurs de la Nouvelle-Angleterre et autres provinces qui forment aujourd'hui les États-Unis d'Amérique. Elle est datée d'Halifax, le 11 août 1755, et il en envoya, par sa dépêche du 18 octobre suivant, une expédition au Secrétaire d'État et une autre aux lords commissaires du Commerce et des Colonies.[24] Elle va nous édifier sur la véracité de Lawrence. Voici :

>Service de Sa Majesté.
>Caroline du Nord.
>À l'honorable Arthur Dobbs, écuyer, capitaine général et gouverneur pour Sa Majesté de la province de la Caroline du Nord en Amérique ou au commandant en chef en exercice, de la dite province.
>Halifax, Nouvelle-Écosse, 11 août 1755.
>Monsieur,
>Le succès de l'entreprise de chasser les Français des endroits qu'ils avaient empiétés dans cette province, a eu un effet tel que j'en ai profité pour soumettre les habitants français de cette colonie aux volontés de Sa Majesté et du gouvernement ou les contraindre à quitter le pays. Ces habitants ont eu la permission de rester en possession de leurs terres, à condition de prêter le serment d'allégeance dans l'intervalle d'une année après le traité d'Utrecht, par lequel cette province fut cédée à la Grande-Bretagne. Ils ont toujours refusé de se soumettre à cette condition,

---

[24] C.O. 5, vol. 16, fol. 155.

sans la promesse écrite du gouverneur qu'ils ne seraient pas appelés à prendre les armes pour la défense de la province. Le général Phillips leur fit cette concession que Sa Majesté a désapprouvée, et depuis, les habitants se prétendent sur un pied de neutralité entre Sa Majesté et ses ennemis, ont continuellement entretenu des intelligences avec les Français et les sauvages, leur ont procuré des refuges, des vivres et autres secours et causé des ennuis au gouvernement. Pendant que les uns favorisaient les empiètements des Français par leurs trahisons, les autres les supportaient au moyen de la rébellion ouverte.

Trois cents d'entre eux viennent d'être pris les armes à la main dans le fort Beauséjour.

Malgré leur mauvaise conduite par le passé, Sa Majesté a daigné me permettre d'accorder son pardon à tous ceux qui voudraient rentrer dans le devoir. En conséquence, j'ai offert à ceux qui n'avaient pas ouvertement pris les armes contre nous, de rester en possession de leurs terres à condition de prêter le serment d'allégeance sans aucune réserve. Ils ont audacieusement et unanimement refusé de prêter le serment sans restriction et s'ils croient pouvoir agir de la sorte au moment où nous avons une flotte considérable dans le port et de nombreuses troupes dans la province, que ne devons-nous pas craindre quand l'hiver, qui approche, nous privera de notre flotte, et que les volontaires de la Nouvelle-Angleterre, enrôlés pour peu de temps, retourneront dans leur pays ?

Les habitants ayant encouru, par leur conduite, la confiscation de leurs terres et perdu tout droit à de nouvelles faveurs de la part du gouvernement, j'ai convoqué une séance du Conseil de Sa Majesté à laquelle étaient présents l'honorable vice-amiral Boscawen et le contre-amiral Mostyn, pour considérer les mesures qu'il va falloir prendre pour nous débarrasser sans danger et d'une manière efficace, de cette population qu'il était de notre devoir de faire disparaître depuis son refus de prêter le serment, et qui, de plus, sera toujours un obstacle à la colonisation de cette province.

Le chiffre de cette population est de sept mille à peu près, et il n'est pas douteux qu'elle ira renforcer la population du Canada si après l'avoir chassée elle est laissée libre d'aller où il lui plaira. Le Canada n'ayant pas de terres défrichées pour un si grand nombre d'habitants, ceux qui sont en état de prendre les armes seront immédiatement employés à inquiéter cette colonie et les colonies avoisinantes. Pour empêcher cela, il n'y a pas d'autre moyen praticable que de les distribuer par groupes dans les colonies où ils pourront être utiles : car le plus grand nombre de ces habitants sont forts et jouissent d'une excellente santé. Il leur sera ainsi bien difficile de se rassembler de nouveau et impossible de commettre des méfaits ; ils pourront par la suite rendre des services et avec le temps devenir de bons sujets.

Cette mesure a été jugée inévitable pour la sécurité de la colonie, et si Votre Excellence prend en considération qu'il est reconnu que la prospérité de l'Amérique du Nord dépend en grande partie de la préservation de cette colonie contre les empiètements des Français, je n'ai pas le moindre doute qu'elle nous donnera son concours, qu'elle recevra les habitants que je lui envoie maintenant et que, suivant notre désir, elle prendra les moyens de les installer de manière à ce qu'ils ne puissent se grouper à l'avenir.

Les vaisseaux employés au transport des déportés étant nolisés au mois, je vous prie de les retenir le moins longtemps possible et de remplir les certificats indiquant la durée de leur engagement conformément à la formule ci-incluse.

Je suis, monsieur
Votre très humble et très obéissant serviteur,
Chas. Lawrence[25]

Quiconque n'a pas fait une étude approfondie des documents relatifs à la période du Grand Dérangement pourra accepter comme véridiques les données que renferme cette dépêche.

---

[25] *Journal of Colonel John Winslow* et *Généalogie acadienne avec documents*, par Placide Gaudet.

C'est une pièce habilement rédigée qui vise à prouver que le refus des Acadiens à prêter un serment d'allégeance absolu a forcé Lawrence de les expulser.

Il est difficile d'entasser plus de mensonges qu'il y en a dans ce document, et dire que les autorités britanniques à Whitehall les ont pris au sérieux et y ont ajouté foi, cela paraît incroyable ; et pourtant, c'est la pure vérité, comme on pourra s'en convaincre plus loin lorsqu'il s'agira de la promotion de Lawrence au poste de capitaine général et gouverneur en chef de la Nouvelle-Écosse.

D'après sa rédaction, cette lettre-circulaire nous porterait à croire que Lawrence avait reçu des ordres du roi George « pour soumettre les habitants français de cette colonie aux volontés de Sa Majesté et du gouvernement ou de les contraindre à quitter le pays. » Plus loin Lawrence ajoute : « Malgré leur mauvaise conduite par le passé, Sa Majesté a daigné me permettre d'accorder son pardon à tous ceux qui voudraient rentrer dans le devoir. »

En faisant cette assertion Lawrence ment effrontément, ou bien il a reçu instruction de chasser les Acadiens si ceux-ci refusent de prêter le serment absolu qu'on exige d'eux.

On sait que le 1er août 1754, Lawrence proposait aux lords commissaires du Commerce et des Colonies « de laisser partir les Acadiens » s'ils refusaient de prêter le serment d'allégeance absolu ; on sait de plus que le 29 octobre de la même année, les lords commissaires du Commerce et des Colonies répondirent à Lawrence qu'ils ne voulaient pas prendre sur eux la responsabilité d'une telle démarche, mais qu'ils allaient soumettre au roi la partie de sa lettre relative à cette question. Ont-ils réellement soumis au roi cette partie de la lettre de Lawrence ? Si oui, quelle fut la réponse de George II aux lords commissaires ? Les lords commissaires firent-ils connaître à Lawrence la réponse du roi ? Est-ce bien sur cette réponse que Lawrence s'appuie quand il dit, dans sa lettre-circulaire aux gouverneurs du continent : « pour soumettre les habitants français de cette colonie aux volontés de Sa Majesté et du gouvernement ou les contraindre à quitter le pays. » Rien ne le prouve.

Qu'on n'oublie pas, comme on l'a vu plus haut, que Lawrence a transmis au secrétaire d'État et aux lords commissaires copie de sa lettre circulaire. Or, s'il n'a pas reçu d'ordres de Sa Majesté, il faut qu'il ait un front d'airain pour en avoir expédié une copie au secrétaire d'État. Lawrence avait toutes les audaces et les extrêmes impudences ne l'effrayaient nullement.

Un vieux proverbe trouve ici son application ; c'est le suivant : « Qui veut noyer son chien, l'accuse de la rage » ; autrement dit, quand on veut pendre quelqu'un, on trouve toujours un moyen.

Lawrence voulait expulser nos pères et il a exécuté ce crime. Pour s'en justifier, il invente mensonges sur mensonges, sa lettre circulaire en est la preuve. Il serait trop long de les réfuter ici, mais cette réfutation se trouve dans un ouvrage beaucoup plus volumineux que cette présente étude, à laquelle il fait suite.

Je dirai, cependant, que si, comme l'affirme Lawrence, le roi d'Angleterre désapprouva le serment prêté par nos pères en 1729 et 1730 – ce qui est faux – comment se fait-il que le secrétaire d'État ait écrit au nom du roi à Shirley le 14 octobre (N.S.) 1747, ce qui suit : « Alors que les émissaires français s'efforcent de faire renoncer les habitants (de la Nouvelle-Écosse) à leur allégeance à Sa Majesté. »

Donc, en 1747, le roi d'Angleterre reconnaissait le serment d'allégeance des Acadiens prêté en 1729 et 1730, et en était satisfait, comme l'atteste cette lettre du 14 octobre (N.S.) 1747, déjà citée dans ce travail.

Si ce n'eût été de la campagne de dénigrement, de calomnies, contre nos pères, menée principalement par Shirley jusqu'à la fondation d'Halifax en 1749, il est bien possible que les Acadiens, à l'arrivée de Cornwallis en 1749, n'auraient pas été requis de prêter un serment absolu.

Mais d'un autre côté, les instructions royales données au gouverneur Cornwallis en 1749, l'obligeant de faire prêter le serment absolu aux Acadiens, n'avaient-elles pas pour but de faire partir les Acadiens de la Nouvelle-Écosse ? En effet, on savait depuis longtemps que jamais l'on ne déciderait nos pères à prêter un serment qui pourrait les engager à prendre les armes contre les Français et les Sauvages.

L'instruction 41ᵉ à Cornwallis lui ordonnait d'afficher dès son arrivée à Chébouctou (Halifax) une déclaration dont on lui transmettait la formule, commandant aux Acadiens de prêter serment d'allégeance absolu au roi d'Angleterre dans l'intervalle de trois mois à partir de la date de la déclaration, ou d'un délai plus long s'il le juge nécessaire.

Et l'instruction 42ᵉ se lit comme suit : « Et vous devrez faire connaître, ainsi qu'à Nos commissaires du commerce et des colonies, par l'entremise de l'un de Nos principaux secrétaires d'État, les effets de cette déclaration afin que Nous soyons en mesure de vous transmettre à l'avenir Nos instructions à l'égard des habitants français qui ne seront pas soumis à ces conditions dans l'intervalle assigné. En attendant vous devrez considérer que les dits habitants français de la Nouvelle-Écosse ont omis depuis longtemps de transporter leurs effets hors de cette province, dans quelques parties des possessions françaises, dans le délai prescrit par le traité d'Utrecht, et si, malgré tous les avantages que Nous leur offrons de devenir de bons sujets, quelques-uns des habitants français expriment le désir de sortir de Notre province, vous devrez, par tous les moyens en votre pouvoir, empêcher qu'aucun dommage ne soit fait à leurs maisons et à leurs propriétés avant leur départ. »

Donc Cornwallis avait ordre de laisser partir nos pères si ceux-ci préféraient se retirer dans quelques parties des possessions françaises. Un bon nombre des Acadiens se rendirent sur l'isthme de Chignictou, que la France réclamait n'avoir pas cédé à l'Angleterre par la paix d'Utrecht. Cela déplut à Cornwallis qui fit défense aux habitants français de quitter la péninsule.

On sait que Hopson remplaça Cornwallis en 1752, et les instructions royales qui lui furent transmises sont identiques à celles données à son prédécesseur, à l'exception de l'omission du dernier paragraphe de l'instruction 42ᵉ, qui commence ainsi : « En attendant, vous devrez considérer que les dits habitants français de la Nouvelle-Écosse, etc., etc. »

Cette instruction 42e à Cornwallis est la 69e donnée à Hopson. Cette omission de laisser partir les Acadiens est significative.

V – Correspondance de Lawrence. Les Acadiens sont « sa bête noire »

À présent, jetons un rapide coup d'œil sur la correspondance échangée entre Lawrence et Robinson, après la reddition des forts de Beauséjour et de Gaspareau, les 16 et 18 juin 1755.

Le 21 juin, Lawrence écrit à Robinson : « Comme le bateau dépêché vers l'amiral Boscawen[26] est sur le point de partir, j'en profite pour vous faire savoir que j'apprends à l'instant même la prise du fort Beauséjour par le lieutenant-colonel Monckton à la tête des troupes que le gouverneur Shirley et moi avons levées l'hiver dernier, ainsi que je vous ai déjà informé.[27]

Il parle ensuite du fortin de Gaspareau, puis il termine comme suit : « Je profiterai du départ du premier navire pour vous donner tous les détails, accuser réception et répondre à toutes les lettres que j'ai eu l'honneur de recevoir de vous, datées : une du 23 janvier, une autre du 10 mars, et la lettre du 16 avril, toutes trois reçues depuis ma dernière dépêche. »

Cette lettre parvint au secrétaire d'État le 28 juillet.

Le 28 juin Lawrence écrit de nouveau à Robinson, lui donne les détails sur la reddition des forts Beauséjour et Gaspareau et lui envoie les articles de la capitulation du fort Beauséjour, dont le

---

[26] Le 22 juin, Boscawen, d'après son journal, était en face de Louisbourg, en route pour Halifax.
[27] C. O. vol. 16, fol. 11.

quatrième article se lit comme suit : « Pour les Acadiens, comme ils ont été forcés de prendre les armes sur peine de vie, ils seront pardonnés pour le parti qu'ils viennent de prendre. »

Mais faisant fi de ce quatrième article qu'il traite, à la manière allemande, comme un chiffon de papier, Lawrence ajoute dans sa lettre le paragraphe suivant : « Les habitants français réfugiés remettent leurs armes. J'ai donné ordre au lieutenant-colonel Monckton de les chasser à tout prix. Mais, cependant, il pourrait s'en servir, s'il en avait besoin, pour mettre ses troupes à couvert – vu que les casernes du fort français sont démolies – il pourra les employer à faire tous les travaux dont ils sont capables. »[28]

La lettre suivante que Lawrence écrivit à sir Thomas Robinson est du 18 juillet 1755, et le secrétaire d'État la reçut le 25 août de la même année. Lawrence y parle entre autres choses des mémoires que lui ont présentés les Acadiens, de la prestation du serment d'allégeance et de l'emprisonnement des députés pour avoir refusé de prêter le serment sans condition. Puis il ajoute : « J'ai ordonné aux habitants français d'élire de nouveaux députés et ils doivent se rendre ici immédiatement. Je suis déterminé d'amener les habitants à se soumettre ou de purger la province d'aussi perfides sujets. »[29]

Lawrence prend bien garde d'annoncer au secrétaire d'État que l'expulsion des Acadiens est déjà définitivement décidée, et il ne souffle pas un traître mot de la présence de Boscawen et de Mostyn aux délibérations du Conseil.

Quand cette dernière lettre parvint à Robinson, le 25 août, celui-ci, par sa dépêche du 13 du même mois, avait depuis douze jours répondu à la lettre de Lawrence du 28 juin précédent, reçue le 28 juillet en même temps que celle du 21 juin.

Rappelons-nous qu'à cette époque il n'y avait ni bateaux à vapeur, ni câble télégraphique. Les lettres ou dépêches étaient confiées aux capitaines des navires à voile qui ne pouvaient quitter un port sans être favorisés d'un bon vent. Quelquefois le trajet de

---

[28] C. O. vol. 16, fol. 12.
[29] *Nova Scotia*, A., vol. 58, fol. 35.

l'océan se faisait assez rapidement, et d'autres fois, cela prenait au moins deux mois et même plus. C'est ainsi que la lettre de sir Thomas Robinson du 13 août 1755, à Lawrence, n'arriva à Halifax que le 9 novembre suivant sur le sloop *Otter* de Sa Majesté, capitaine Innes, qui s'était rendu à Terre-Neuve avant d'entrer dans le havre d'Halifax.

Cette lettre est tellement importante que je me permets de la citer en entier. N'oublions pas que c'est la réponse à la lettre de Lawrence, du 28 juin précédent, dans laquelle étaient inclus les termes de la capitulation de Beauséjour. Voici : –

« Whitehall, 13 août 1755.

« Monsieur,

« Quelle que soit l'interprétation que donnent les Français au mot *Pardonné* dans le quatrième article de la Capitulation accordée au Commandant de la garnison de Beauséjour, vous dites par votre lettre du 28 juin que vous avez donné ordre au Colonel Monckton de chasser *du pays à tout prix* les habitants français qui ont abandonné leurs terres. On ne comprend pas clairement si vous avez l'intention de chasser tous les habitants français de la péninsule, dont le nombre s'élève à plusieurs mille, ou bien ceux que vous mentionnez dans l'état des forts français et anglais que le gouverneur Shirley m'a transmis dans sa lettre du 8 décembre dernier et dont le nombre s'élevait à 8000[30] familles établies dans cinq ou six villages, aux environs de Beauséjour ; ou, enfin, si vous entendez parler seulement de ceux des habitants trouvés à Beauséjour, lors de l'évacuation de ce fort par sa garnison. Cette dernière interprétation semble avoir été plutôt votre intention, car vous ajoutez : 'Mais cependant, le Colonel Monckton pourrait s'en servir s'il en avait besoin, pour mettre ses troupes à couvert – vu que les casernes du fort français sont démolies – il pourra les employer à faire tous les travaux dont ils seront capables.' Quelle

---

[30] Ce chiffre de 8000 est de beaucoup trop élevé ; 1000 serait plutôt dans les limites de la vérité.

qu'ait été votre intention, il n'y a pas de doute que vous n'avez agi que d'après un strict sentiment de sécurité indispensable et immédiat pour votre gouvernement, et non sans avoir considéré les conséquences pernicieuses qui pourraient résulter d'une alarme qui aurait pu se propager dans le corps des Français neutres, et combien subitement le désespoir peut produire une insurrection, et aussi quel nombre additionnel de sujets utiles pourrait être donné, par leur fuite, au roi de France. Par conséquent, il ne peut pas vous être trop recommandé d'user de la plus grande précaution et de la plus grande prudence dans votre conduite vis-à-vis ces neutres, et d'assurer ceux d'entre eux en qui vous pouvez avoir confiance, particulièrement lorsqu'ils prêteront le serment à Sa Majesté et à son gouvernement, qu'ils peuvent demeurer dans la tranquille possession de leurs terres, sous une législation convenable.

« Ce qui m'a engagé à attirer votre attention toute particulière sur cette partie de votre lettre, c'est la proposition qui m'a été faite, pas plus tard qu'au mois de mai dernier, par l'ambassadeur de France, (Mirepoix), savoir : 'Qu'il soit accordé trois ans aux habitants français de la péninsule pour s'en retirer avec leurs effets, et que tous les moyens de faciliter ce transport leur soient aussi accordés. Les Anglais devraient regarder sans nul doute cette proposition comme très avantageuse pour eux.' À quoi il a plu à Sa Majesté de faire la réponse suivante, que je vous envoie pour votre particulière information, savoir : 'Qu'en ce qui regarde la proposition d'accorder trois ans aux habitants français de la péninsule pour émigrer, ce serait priver la Grande-Bretagne d'un nombre très considérable de sujets utiles, si une telle émigration s'étendait aux Français qui habitaient cette province au temps du traité d'Utrecht et à leurs descendants.'

« Je demeure, Monsieur,
« Votre très obéissant et très humble serviteur
« T. ROBINSON.[31]

---

[31] *Brown Collection. British Muséum.* Voir Appendice B pour plus amples détails sur la dernière partie de cette dépêche.

VI – Où Lawrence avoue son crime

Quand cette dépêche parvint à Lawrence, le 9 novembre 1755, l'expulsion des Acadiens était un fait accompli. Il ne restait plus qu'à déporter les habitants de la rivière Annapolis-Royal et environ 600 des Mines, qu'on n'avait pu embarquer faute de bateaux.

Lawrence ne répondit à la dépêche de Robinson que le 30 novembre 1755. Citons-en quelques passages : « À l'égard du mot *pardonné*, dit-il, dans le quatrième article de la capitulation de Beauséjour, et il en est fait mention par votre dépêche du 13 août, je crois que rien autre chose n'a été compris de part et d'autre si ce n'est que les habitants français trouvés dans le fort les armes à la main ne seraient pas mis à mort ; car, bien qu'on eût dit au lieutenant-colonel Monckton – avant son départ – que les habitants français qui avaient déserté leurs terres devaient être expulsés, afin de leur enlever toute espérance, soit par capitulation ou autrement, d'être mis en possession de leurs biens, cependant, il n'a jamais été question de précipiter les choses en prenant des mesures propres à les jeter dans le désespoir ou de les faire émigrer au Canada. »

Lawrence explique ensuite quels sont les habitants compris sous la dénomination « habitants français désertés », puis il ajoute : « ce fut seulement avec ces habitants que le lieutenant-colonel Monckton eut quelque chose à faire, car nous ne pouvions facilement, à cette époque, prévoir quel côté prendraient les habitants plus rapprochés de nous advenant la reddition de Beauséjour, parce qu'alors nous pensions qu'ils ne pourraient plus espérer d'obtenir des moyens de subsistance de la part des Français. Mais, lorsque nous vîmes que les habitants français qui n'avaient pas déserté leurs terres, manifestaient les mêmes sentiments de déloyauté que ceux qui avaient abandonné leurs terres, et qu'ils refusaient positivement de prêter le serment d'allégeance,[32] nous avons alors jugé qu'il était grand temps d'agir – tant pour l'honneur de Sa Majesté que pour la conservation de cette province – nous avons jugé, dis-je, qu'il était grand temps que tous les habitants français, ceux qui n'avaient pas abandonné leurs terres comme ceux qui les avaient abandonnées, fussent embarqués sur des transports, mis hors de la province et dispersés dans les colonies avoisinantes. La plus grande partie est déjà expédiée et je me flatte qu'à l'heure qu'il est il n'en reste plus.

« Ayant déjà eu l'honneur de vous soumettre cette mesure par ma lettre du 18 octobre, qui contenait les minutes du Conseil et dont je vous transmets un duplicata, je ne crois pas nécessaire d'en dire davantage sur ce sujet. »[33]

La confession de Lawrence que nous venons de lire établit clairement, sans ambiguïté, que la responsabilité de la déportation des Acadiens retombe uniquement sur lui et son Conseil. Et pour mieux souligner ce fait, je répète ses propres paroles : « *Nous avons jugé qu'il était grand temps d'agir* – tant pour l'honneur de Sa Majesté que pour la conservation de cette province – *nous avons jugé, dis-je, qu'il était grand temps que tous les habitants français, ceux qui n'avaient pas abandonné leurs terres comme ceux qui les avaient abandonnées, fussent embarqués sur des transports, mis hors de la province et dispersés dans les colonies avoisinantes.* »

---

[32] Ceci est un mensonge éhonté, comme on pourra s'en rendre compte dans une autre partie de cette étude.
[33] C. O. 5, vol. 17, fol. 52.

Par « nous », il faut entendre Lawrence et son Conseil, conjointement avec Boscawen et Mostyn, qui, comme on l'a vu, assistaient aux délibérations ayant trait à la déportation. Pour un prétexte à son crime, et tâcher d'atténuer l'odieux d'une action aussi barbare, aussi atroce, Lawrence a l'effronterie, par un vil mensonge, d'en rejeter la faute sur les Acadiens eux-mêmes, en alléguant qu'ils refusaient de prêter le serment d'allégeance sans restriction. Le ton de sa confession nous montre qu'il est mal à l'aise, il sait qu'il a désobéi aux ordres du roi et il s'en excuse en blâmant les habitants français. Quel contraste avec la première partie de sa lettre ! Ici il jubile des félicitations qu'il reçoit du roi par dépêche du secrétaire d'État du 30 juillet, à l'occasion de la reddition des forts de Beauséjour et de Gaspareau. Comme Akins, dans ses *Sélections from the Public Documents of the Province of Nova Scotia*, omet cette partie de la lettre de Lawrence du 30 novembre 1755, à Robinson, je la donne ici :

« Votre lettre du 30 juillet m'a causé la plus vive satisfaction qu'il est possible de recevoir. Il m'est difficile d'exprimer combien hautement j'apprécie l'honneur que me fait Sa Majesté en approuvant ma conduite. Soyez assuré. Monsieur, que je m'efforcerai de pratiquer, à l'avenir, dans toute ma conduite, la diligence dans l'action et la fidélité qui m'ont valu une si grande part de la faveur royale.

« Permettez-moi de vous offrir mes remerciements les plus sincères pour l'approbation des honorables juges.

« Je m'empresserai de faire part au colonel Monckton et à ses troupes de l'honneur qu'il a plu à Son Altesse Royale et à leurs Excellences de leur conférer ; cela, sans doute, les encouragera à continuer avec zèle et avec vigueur dans le service de Sa Majesté quand l'occasion s'en présentera. »[34]

Cette dépêche de Robinson, du 30 juillet, ne parvint à Lawrence que le 9 novembre, en même temps que celle du 13 août venant du même.

---

[34] C. O. 5, vol. 16, fol. 212.

VII – Lawrence et son protecteur le comte d'Halifax

Le sloop *Otter* de Sa Majesté arriva à Halifax le 9 novembre 1755, n'ayant pu faire voile d'Angleterre avant le 27 août, puisque son commandant, le capitaine Innes, porteur des dépêches du secrétaire d'État et du comte d'Halifax, dut attendre qu'on lui remît les instructions des lords commissaires de l'Amirauté au Commodore sir Richard Spry, à Halifax. Or, ces instructions sont datées du 27 août 1755, et il est possible que l'*Otter* ne leva pas l'ancre ce jour-là, mais quelques jours après. Ce sloop fit escale à Terre-Neuve, mais j'ignore combien de temps il y resta. Ce qu'il y a de certain, c'est qu'il jeta l'ancre dans le havre d'Halifax le 9 novembre 1755,[35] et le capitaine s'empressa de remettre à Lawrence les dépêches qui lui étaient adressées. Il y en avait une du 30 juillet, deux du 13 août, et une du comte d'Halifax. Je ne connais pas la teneur de la lettre du comte d'Halifax, mais par la réponse que Lawrence lui fit, on peut s'en former une idée. C'était une lettre de félicitation pour s'être emparé des forts de Beauséjour et de Gaspareau. La dépêche de Lawrence est datée d'Halifax le 9 décembre 1755, et débute comme suit : « Milord ; Depuis ma lettre du 18 octobre transmise à Votre Seigneurie par l'amiral Boscawen, j'ai eu l'honneur de recevoir une lettre de Votre Seigneurie datée du mois d'août et remplie d'éloges sur mon administration. »

---

[35] Admiralty Secretary In Letters.

Lawrence le remercie de ses compliments et dit que toute son ambition est de mériter tous ses éloges, mais il croit qu'il aura beaucoup à faire à l'avenir ; cependant, il pense que le chemin du succès est maintenant assuré et que, dans son opinion, rien ne peut donner plus d'espérance que « le résultat heureux, bien que dispendieux, de l'expulsion de ces misérables et perfides Français Neutres. » Il dit que quelques-uns de ceux qui se sont échappés ont l'audace de déclarer que les Français reprendront possession de la province le printemps prochain ; il n'est pas besoin d'avoir de crainte à ce sujet, car, bien que l'expulsion des Neutres et la perte de Beauséjour et de leurs autres possessions doivent les avoir extrêmement décontenancés dans leurs projets sur cette partie du pays, cependant, comme nos opérations militaires (celles des Anglais) dans l'ouest n'ont pas été heureuses, les Français qui, en premier lieu, tremblaient pour Québec, voudront certainement prendre leur revanche sur la Nouvelle-Écosse quand ils verront que la Pointe-à-la-Chevelure (Crown Point) et Niagara sont à l'abri des coups de Dungan. Il demande des renforts de troupes, car le recrutement dans les provinces (de la Nouvelle-Angleterre) est très difficile. Il continue par énumérer toutes les raisons qui l'engagent à demander instamment ces renforts et il termine sa longue lettre comme suit : « Je suis moralement convaincu, milord, que si, il y a douze mois passés, une assemblée eût été convoquée – supposons la chose praticable – rien de ce qui a été accompli dans cet espace de temps n'eût pu être entrepris, et la province, si elle n'était pas actuellement entre les mains des Français, elle leur serait au moins une proie bien plus facile, ou je me trompe grandement.

« Si, en cette circonstance ou en toute autre occasion, j'ai négligé de soumettre à Votre Seigneurie ou au bureau des lords commissaires les affaires sur lesquelles j'aurais dû écrire ou donner des explications, c'est que la multiplicité des affaires graves que j'avais à régler justifierait ces omissions dans une certaine mesure et servirait à déterminer Votre Seigneurie à me continuer votre bienveillance pour tout ce qui a été fait jusqu'ici et pour tout ce que j'entreprendrai, à l'avenir, tant que j'aurai l'honneur d'occuper les importantes fonctions qui m'ont été confiées. Maintenant, Milord, faites-moi la justice de croire qu'à l'avenir j'administrerai non seulement avec la plus stricte justice, intégrité, et toute l'économie possible, mais que je veillerai toujours avec une vigilance attentive sur tout ce qui concerne la dépense des deniers publics. J'ai confiance que cette manière d'agir, et nulle autre, me conservera la bienveillante amitié de Votre Seigneurie, et la liberté de me souscrire très respectueusement, Milord,

« De Votre Seigneurie, le très obligé et très humble serviteur
« CHAS. LAWRENCE.
« Halifax, 9 décembre 1755.
« Le très honorable le comte d'Halifax.[36]

---

[36] Chalmer's Collection in the Library of Congress, Washington.

VIII – Départ de Hopson. Lawrence le remplace

On me permettra d'ouvrir ici une large parenthèse de plusieurs chapitres afin de pouvoir mieux faire connaître Charles Lawrence et sa campagne de mensonges et de calomnies à l'égard de nos pères. Je laisserai parler les faits au moyen de documents.

Lawrence avait un puissant ami à Whitehall dans la personne du comte d'Halifax, président du Conseil des lords commissaires du Commerce et des Colonies. Edward Cornwallis, ancien gouverneur de la Nouvelle-Écosse, en était un autre. On sait que vers le commencement de l'année 1753, Hopson, qui avait succédé à Cornwallis au gouvernement de la Nouvelle-Écosse, demanda à Holderness, alors secrétaire d'État, de lui accorder un congé d'une année pour cause de maladie. Nous n'avons pas, aux Archives, copie de cette lettre, mais par d'autres pièces on peut conclure que Hopson, en demandant son congé, recommanda, semblerait-il, Lawrence, alors président du Conseil, pour administrer la province en son absence. En fit-il part à celui-ci ? Je ne trouve aucune donnée à ce sujet. Quoiqu'il en fût, Lawrence paraîtrait avoir été au courant de ce projet après son arrivée à Lunenburg, s'il faut en juger par la teneur d'une lettre qu'il écrivit de cette localité à Hopson, le 27 août 1753, par laquelle il lui mande qu'il a à écrire en Angleterre (« to write at home ») à propos de quelque chose qu'il n'entrevoyait pas lorsqu'il partit d'Halifax, et, pour cette raison, il veut y retourner. Il a l'espoir que Son Excellence lui accordera la permission de rentrer à Halifax avant le départ du vaisseau de guerre, quand même la chose au sujet de laquelle a écrit Cornwallis n'aurait pas encore eu lieu.[37]

Une note au bas de cette lettre dit : « Le gouverneur Hopson rentre en Angleterre. Lawrence se renseigne et espère avoir la promotion. » (Gov. Hopson going home. Lawrence inquest and in hopes of preferment.)

Que faut-il comprendre par « la chose au sujet de laquelle a écrit Cornwallis ? » Cette lettre de Cornwallis m'est inconnue, mais je ne crois pas m'écarter trop de la vérité en disant que l'ancien gouverneur de la Nouvelle-Écosse s'intéressait à la nomination de Lawrence au poste de lieutenant-gouverneur de la Nouvelle-Écosse, et qu'en cela il était poussé par le comte d'Halifax. Les événements survenus quelques mois plus tard confirment ma conjecture.

La demande de Hopson fut soumise au roi, qui l'accorda, et le 25 juin 1753, Holderness transmit cette information aux lords commissaires du Commerce et des Colonies, les priant de préparer la formule requise en cette occurrence et de la lui transmettre afin qu'il y fasse apposer la signature royale de Sa Majesté.[38]

Les lords commissaires du Commerce et des Colonies, par leur dépêche à Hopson du 9 juillet 1753, en lui envoyant la permission que le roi lui accordait, lui disent : « Nous vous prions de transmettre toute la correspondance que nous avons échangée avec vous au colonel Lawrence, qui aura charge du commandement, et de lui remettre tous les ordres et toutes les instructions concernant les affaires de votre département que nous vous avons transmis de temps à autre. »[39]

---

[37] *Brown Collection*, British Museum.
[38] *Nova Scotia* A., vol. 53, fol.128.
[39] *Nova Scotia* A., vol. 54, fol. 32.

Cette lettre arriva à Halifax le 30 avril 1753, par la corvette *New-Casco*. Lawrence, qui n'avait pas assisté aux séances du Conseil depuis le 26 mai, vu son absence à la fondation de Lunenbourg, y reparut le 11 septembre 1753.[40]

Le président du Conseil dut rentrer à Halifax entre le 4 et le 11 septembre puisqu'il n'assiste pas à la séance du Conseil tenue le 4 septembre. Bien que Hopson ne quitta Halifax que le 1er novembre 1753, Lawrence prit les rênes du pouvoir le ou vers le 20 octobre précédent. En effet, la première lettre de Lawrence aux lords commissaires du Commerce et des Colonies, en sa qualité de commandant en chef, est du 20 octobre 1753. Il les remercie pour sa nomination provisoire à l'occasion de l'absence de Hopson. Il dit qu'il s'efforcera de s'acquitter convenablement de ses fonctions, etc.[41]

L'endossement de cette lettre est comme suit : « Nouvelle-Écosse – Lettre du lieutenant-colonel Lawrence, président du Conseil, commandant en chef de la Nouvelle-Écosse, au Conseil, datée d'Halifax le 20 octobre 1753, en prenant la direction de l'administration pendant l'absence du colonel Hopson.

« Reçue le 3 décembre 1753
« Lue le 7 décembre 1753 »[42]

Le 26 octobre 1753 eut lieu une séance du Conseil tenue à la maison du gouverneur, séance appelée par Hopson lui-même pour faire ses adieux au Conseil.[43] En réponse à l'adresse que le Conseil lui présenta, le gouverneur dit : « Étant dans la triste nécessité de profiter du congé que Sa Majesté daigne m'accorder, c'est pour moi un plaisir de savoir que l'administration de la province qui m'est si chère sera dirigée par un homme éminemment

---

[40] *Nova Scotia* B., vol. 6, fol. 187 et 223.
[41] *Nova Scotia* A., vol. 54, fol. 160.
[42] *Nova Scotia* A., vol. 54, fol. 163.
[43] *Nova Scotia* B., vol. 6, fol. 247.

qualifié pour la conduire. Je n'ai aucun doute que, sous sa direction, vous saurez développer et maintenir parmi la population cette harmonie dont vous leur avez déjà donné un si bon exemple. »[44]

Ce fut le gouverneur Hopson qui remit aux lords commissaires, le 30 janvier 1754, le duplicata des procès-verbaux du Conseil du 28 juillet au 26 octobre 1753, et ils en prirent connaissance le lendemain.[45]

Faut-il conclure, par cette date du 30 janvier 1754, que Hopson n'arriva à Londres que la veille de ce jour, ou peu de jours auparavant ? Dans ce cas, la traversée aurait duré près de trois mois.

La première séance du Conseil sous l'administration de Lawrence eut lieu le 3 novembre 1753.[46]

En prenant l'administration de la province, le président du Conseil s'évertua à montrer un grand zèle en dénigrant les Acadiens, ce qui semble avoir fait beaucoup plaisir aux lords commissaires du Commerce et des Colonies. En effet, dès le 28 mars 1754, ils faisaient écrire à Hopson, par l'entremise de leur secrétaire, pour lui demander sa démission, car ils appréhendaient qu'il n'avait plus l'intention de reprendre le gouvernement de cette province.[47] Deux jours après, Hopson démissionna,[48] et dans les premiers jours d'avril Lawrence était proposé au poste de lieutenant-gouverneur de la Nouvelle-Écosse et commandant en chef de la même province. En lui transmettant cette bonne nouvelle, par leur longue dépêche du 4 avril 1754, les lords commissaires du Commerce et des Colonies lui disent : « Nous espérons que ce témoignage de notre satisfaction de votre conduite vous sera agréable. »[49]

---

[44] *Nova Scotia* B., vol. 6, fol. 250.
[45] *Nova Scotia* B., vol. 6, fol. 251.
[46] *Nova Scotia* B., vol. 6, fol. 252.
[47] *Nova Scotia* A., vol. 55, fol. 37.
[48] *Nova Scotia* A., vol. 55, fol. 45.
[49] *Nova Scotia* A., vol. 55, fol. 82.

Cette lettre parvint à Lawrence le 13 juin 1754.

Nous verrons plus loin un autre extrait de ce même document où il est question des Acadiens en réponse aux plaintes de Lawrence contre eux.

Par sa dépêche du 10 décembre 1752, aux lords commissaires du Commerce et des Colonies, Hopson, parlant des Acadiens, dit : « M. Cornwallis est en état d'apprendre à Vos Seigneuries combien ces gens nous sont utiles et indispensables et que nous ne pouvons nous en passer ni les remplacer, même si nous avions d'autres colons à notre disposition. »[50]

Par une autre dépêche du même au même, en date du 1er octobre 1753, un mois, jour pour jour, avant son départ d'Halifax pour rentrer en Angleterre, on lit : « Depuis que je suis ici, les habitants français se sont conduits assez bien, mais les craintes que leur inspirent les Français et les sauvages les empêchent de faire des démarches qui démontreraient de l'attachement pour nous. "

« Je crois que certaines mesures de protection, comme un mode efficace d'administrer la justice parmi eux, et de nouvelles concessions de terre qui leur garantiront la possession de leurs propriétés, auraient de très bons résultats. »[51]

Après d'aussi favorables témoignages envers les Acadiens, croirait-on que deux mois plus tard Lawrence commença à les décrier ? En effet, pour atteindre son but, et par là s'attirer des éloges et des honneurs, celui-ci, de même que Shirley, ne manquait jamais l'occasion d'amplifier, même d'inventer des dangers que les Anglais encouraient de la part des Français, soit de Louisbourg, soit de Québec, ou de France à la Nouvelle-Écosse et à la Nouvelle-Angleterre. Tant que les Acadiens ne furent pas déportés, ceux-ci furent continuellement vilipendés, représentés sous de fausses couleurs aux autorités britanniques. Ces calomnies de la part de Lawrence commencèrent dès qu'il prit les rênes du pouvoir à l'automne de 1753. Jamais il n'eut un mot favorable à leur

---

[50] *Nova Scotia* A., vol. 50, fol. 43.
[51] *Nova Scotia* A., vol. 54, fol. 128.

endroit, de sorte que le cabinet britannique ne pouvait faire autrement que de les considérer comme des sujets déloyaux. La correspondance est là pour le prouver.

IX – Correspondance de Lawrence avec les autorités britanniques

Examinons-la, cette correspondance, elle est fort intéressante. La deuxième lettre de Lawrence aux lords commissaires du Commerce et des Colonies est du 5 décembre 1753, deux mois après le départ de Hopson. En voici un extrait : « J'en arrive maintenant aux habitants français ; ils sont passablement tranquilles au sujet des affaires du gouvernement, mais ils sont excessivement chicaniers entre eux. Cet esprit querelleur démontre un grand attachement à la possession de leurs propriétés, ce qui est avantageux pour la province. Mais il n'y a aucune méthode régulière pour administrer la justice parmi eux, ils restent toujours très inquiets au sujet de leurs procès dont la décision a été depuis si longtemps remise. Il sera très difficile de les admettre en nos cours de justice ; n'ayant point prêté le serment d'allégeance, ils n'ont pas droit de posséder des terres et vos Seigneuries verront facilement les difficultés pour les cours de rendre jugement dans des causes dont les réclamations des propriétaires sont loin d'être prouvées, et dans des causes où les disputes se rapportent au bornage de terres qui jamais encore n'ont été arpentées. »[52]

Lawrence soulève ici un point important, c'est-à-dire que les Acadiens « n'ont pas droit de posséder des terres. » Dès le 14

---

[52] *Nova Scotia* A., vol. 54, fol. 222.

mars (N. S.) 1749, Shirley écrivait dans le même sens au duc de Bedford.[53]

Le 4 avril 1754, les lords commissaires du Commerce et des Colonies adressent une longue dépêche à Lawrence. Après avoir accusé réception de ses lettres du 20 octobre, du 5 décembre et du 29 décembre 1753, et du 15 janvier 1754, ils ajoutent : « Les remarques favorables du colonel Hopson sur votre caractère et votre conduite ont fait naître chez nous la bonne opinion que nous avons exprimée sur votre compte dans notre lettre à ce digne officier. La prudence et l'activité que vous avez déployées dans les devoirs que vous avez assumés depuis son absence nous prouvent que vous méritez justement cette bonne opinion ; nous sommes certains, d'après ce que nous avons constaté jusqu'à présent, que vous saurez maintenir cette bonne réputation par votre conduite future.

« Il nous sera toujours agréable d'être informés de tout ce qui se passe dans votre province, et quand même rien d'important ne se produirait il nous fera toujours plaisir de connaître que la paix et la tranquillité règnent dans la province. Et les observations que les devoirs de vos fonctions vous permettront de nous faire sur l'état de la province en général, ou sur quelques sujets s'y rapportant, nous seront toujours utiles et profitables. »[54]

Les quatre lettres que les lords commissaires avaient reçues de Lawrence leur avaient fait connaître quelle sorte d'homme il était, et les éloges qu'ils lui prodiguent le gonflèrent et stimulèrent davantage son zèle à dénigrer les Acadiens et leurs missionnaires.

Mais reprenons la suite de la dépêche des lords commissaires, du 4 avril. L'extrait que je vais en citer, bien que long, est la réponse aux plaintes proférées contre les Acadiens par la lettre de Lawrence du 5 décembre 1753. Voici : « Nous sommes chagrins de constater que les habitants français, bien que paisibles sous tous autres rapports, soient si portés aux procès et aux chicanes

---

[53] *Nova Scotia* A., vol. 54, fol. 196.
[54] *Nova Scotia* A., vol. 55, fol. 54.

entre eux, et nous en sommes affectés parce que, comme vous l'observez avec justesse, il sera impossible d'en arriver à une détermination judicieuse sur ces disputes sans leur reconnaître un droit légal aux terres qui sont la cause des présentes difficultés et auxquelles, en vertu de la loi et en vertu du traité d'Utrecht, et en vertu des instructions de Sa Majesté, ils n'ont, de fait, aucun droit sur leurs propriétés qu'à la condition de prêter serment d'allégeance absolue et complète sans aucune restriction quelconque. Cet état d'incertitude et d'indécision est certainement un obstacle à l'industrie et à la tranquillité de ses habitants ; mais nous ne voyons pas comment ces disputes pourraient être décidées pour le bien général de la province sans leur consentement absolu, et c'est pourquoi il serait à propos de leur exposer que tous les délais dont ils se plaignent viennent de leur obstination à refuser d'accepter cette condition.

« Nous n'avons aucune objection à l'idée que vous proposez d'envoyer quelques personnes d'influence parmi ces habitants pour tâcher de les apaiser, pour examiner et entendre leurs plaintes, mais nous craignons qu'il leur soit impossible de suivre aucune procédure judiciaire, car il leur faudra prendre grand soin de ne rien faire qui puisse tendre à admettre chez ces habitants un droit à leurs terres avant qu'ils aient accepté le serment d'allégeance.

« Plus nous considérons ce point, plus il nous paraît bon et difficile, car d'un côté il faut prendre grand soin d'éviter de les alarmer, et de créer dans leur esprit une telle défiance qui pourrait les induire à quitter la province, et, par leur nombre, grossir la force des établissements français, et d'un autre côté nous devrions prendre les mêmes précautions afin d'éviter de leur donner une confiance fausse et qui serait contraire au but à atteindre, c'est-à-dire qu'en persistant à refuser le serment d'allégeance ils finiraient ainsi par établir graduellement un droit à leurs terres, et à l'avantage et à la protection de la loi à laquelle, sans le serment, ils n'auraient aucun droit. Il nous fait plaisir de constater que vous semblez être de cette opinion au sujet de cette délicate et importante question en refusant aux habitants qui ont déserté leurs terres d'y retourner, à moins de prêter le serment sans aucune restriction. Nous espérons sincèrement que, dans les circonstances où ils se trouvent, ils seront induits à accepter la condition et que leur exemple sera suivi par tous les autres habitants. »[55]

---

[55] *Nova Scotia* A., vol. 55, fol. 57.

X – Continuation de la correspondance de Lawrence

Depuis qu'il tenait les rênes du gouvernement à Halifax, nous avons constaté que Lawrence s'était donné pour mission, auprès des autorités britanniques de la métropole, de renchérir sur la campagne de dénigrements, de mensonges, de haines, de calomnies contre les Acadiens, campagne qui se faisait déjà depuis nombre d'années, et d'Annapolis-Royal et de Boston, avant la fondation de la ville d'Halifax en 1749. Qu'on en juge par la lettre qui va suivre, qui dépeint l'état d'âme de Lawrence envers nos pères.

Comme nous l'avons déjà vu, la dépêche des lords commissaires du Commerce et des Colonies, du 4 avril 1754, parvint à Lawrence le 13 juin suivant, et celui-ci y répondit le 1er août 1754, comme suit : « Il me fait beaucoup plaisir de constater que Vos Seigneuries comprennent d'une manière aussi claire la situation des habitants français. Comme toute modification de l'état de leurs affaires pourrait être d'une grande importance pour cette province, j'y ai porté depuis longtemps ma plus sérieuse attention. De plus, l'expérience que j'ai acquise au milieu d'eux dans l'accomplissement de mes devoirs, m'a permis de me former une opinion sur eux et sur leur mode d'action : et je me permettrai maintenant la liberté de soumettre à Vos Seigneuries les mesures qui me paraissent les plus pratiques et les plus effectives pour mettre fin aux nombreux inconvénients que nous avons éprouvés depuis longtemps de leur obstination, de leurs tricheries, de leur partialité envers leurs propres compatriotes et de leur ingratitude pour les faveurs, les bontés et la protection qu'ils ont reçues, en tout temps, du gouvernement de Sa Majesté, sans les mériter.

« Vos Seigneuries savent qu'ils ont toujours affecté de conserver la neutralité, et comme on a généralement cru que la sollicitude d'un gouvernement les aurait amenés par degré à prendre nos intérêts, aucune mesure violente n'a été prise contre eux. Mais je dois faire remarquer à Vos Seigneuries que cette douceur n'a pas eu le moindre bon effet, qu'ils ont à présent abandonné toute idée de prêter volontairement le serment, et un grand nombre d'entre eux sont à présent rendus à Beauséjour pour travailler pour les Français à endiguer les terrains autour de cet établissement. J'ai précédemment informé Vos Seigneuries que malgré qu'on leur a refusé les passeports qu'ils demandaient, ils se sont rendus sur le côté nord de la baie de Fundy. Et comme ils se plaignaient qu'ils n'avaient pas d'ouvrage des Anglais, on les informe que tous ceux qui se rendraient à Halifax seraient employés ; bien qu'en réalité je n'avais aucun ouvrage pour eux, je résolus de leur faire élargir le chemin d'Halifax à Chibenekadie, car je savais très bien que si une fois je les retenais ici, cela ferait remettre à plus tard leur voyage à Beauséjour et ne ferait encourir aucune dépense au gouvernement, parce que j'étais certain qu'ils refuseraient de travailler de crainte de déplaire aux Sauvages.

« Mais comme ils ne sont pas venus, j'ai, sur l'avis du Conseil, publié une proclamation leur ordonnant de retourner immédiatement sur leurs terres, et que toute désobéissance à cet ordre, de leur part, serait à leurs risques et périls.

« Ils n'ont rien apporté sur nos marchés depuis longtemps, mais, d'un autre côté, ils ont tout transporté chez les Français et les Sauvages qu'ils ont toujours approvisionnés, logés et renseignés, et en vérité, tant qu'ils n'auront pas prêté serment à Sa Majesté – ce qu'ils ne feront jamais sans y être forcés et tant qu'ils auront au milieu d'eux des prêtres français incendiaires – il n'y a aucun espoir qu'ils s'amendent. Ils possèdent la plus grande étendue de terres et les meilleures dans cette province. Aucun établissement ne peut se faire efficacement dans la province tant qu'ils demeureront dans cette situation, et bien que je sois très éloigné d'entreprendre cette mesure sans l'approbation de Vos Seigneuries, néanmoins je ne puis m'empêcher d'être d'opinion qu'il serait beaucoup préférable de les laisser partir, s'ils refusent le serment.

« La seule conséquence fâcheuse qui peut résulter de leur départ serait qu'ils prendraient les armes, qu'ils se joindraient aux Indiens pour ruiner nos établissements, vu qu'ils sont nombreux et que nos troupes sont très disséminées, bien que je croie qu'une partie des habitants accepteront n'importe quelle condition plutôt que de prendre les armes soit d'un côté ou de l'autre. Mais cela n'est qu'une simple conjecture, sur laquelle on ne peut se risquer dans des circonstances aussi critiques. Cependant, si Vos Seigneuries étaient d'opinion que nous ne sommes pas suffisamment forts pour prendre une décision aussi importante, nous pourrions parer à beaucoup d'inconvénients en construisant un fort ou quelques blockhouses sur la rivière Chibenekadie ; cela rendrait très difficiles leurs communications avec les Français, les empêcherait entièrement de leur fournir du bétail, mettrait fin à la désertion des Allemands et fermerait les principales passes par lesquelles les Sauvages nous ont jusqu'à présent ennuyés. »[56]

Et plus loin, dans la même lettre, Lawrence ajoute : « Mais j'ai grand peur qu'on ne puisse jamais arriver à écarter absolument et effectivement ce mal (*evil*) tant que les Français possèderont le côté nord de la baie de Fundy, et ce, non seulement parce qu'ils sont les instigateurs, mais parce qu'ils leur fournissent des provisions et les protègent pendant les saisons de l'année où, comme le remarquent Vos Seigneuries, ils résident généralement avec leurs familles, justement à l'époque où l'on attaque avec succès les Sauvages des autres colonies. »[57]

---

[56] *Nova Scotia* A., vol. 55, fol. 189.
[57] *Nova Scotia* A., vol. 55, fol 203.

Les lords commissaires du Commerce et des Colonies soumirent le 31 octobre 1754, au secrétaire d'État, des extraits de la longue lettre de Lawrence du 1ᵉʳ août 1754. Mais ces extraits n'ont pas trait au sujet dont il est question plus haut. Qu'on en juge par le premier paragraphe de cette lettre, lettre datée de Whitehall, le 31 octobre 1754, et adressée à Robinson. Voici : « Nous avons reçu, dernièrement, une lettre de Charles Lawrence, écr., lieutenant-gouverneur de la Nouvelle-Écosse, en date du 1ᵉʳ août dernier. En outre des affaires générales de la province, cette lettre contient un rapport sur les forces et les agissements des Français à leurs différents forts et établissements à Beauséjour, à la rivière St-Jean et à la baie Verte dans cette province de Sa Majesté, mais nous croyons qu'il est notre devoir de vous transmettre un extrait de tout ce qui, dans cette lettre, se rapporte à ce sujet, et nous espérons qu'il vous plaira de le soumettre à Sa Majesté. »[58]

Ils terminent leur lettre comme suit : « Dans ces circonstances, nous espérons que cette province continuera toujours à augmenter la production et le commerce de tous les articles qui lui sont naturels et avantageux, à moins qu'ils en soient empêchés par l'hostilité des Sauvages : un mal (comme le remarque justement le colonel Lawrence) qu'on ne pourra jamais atteindre tant que les Français posséderont le côté nord de la baie de Fundy ; et ce, non seulement parce qu'ils sont les instigateurs, mais parce qu'ils approvisionnent les Sauvages et leur accordent protection durant ces saisons de l'année où ils sont généralement avec leurs familles, justement à l'époque où l'on attaque avec le plus de succès les Sauvages des autres colonies. »[59]

Donnons ici un extrait d'une lettre de Lawrence, du 14 octobre 1754, aux lords commissaires du Commerce et des Colonies, savoir : « J'ai reçu, par bateau de Londres arrivé ici la semaine dernière, la commission de Sa Majesté me nommant lieutenant-gouverneur de cette province. Je prie Vos Seigneuries d'accepter

---

[58] *Nova Scotia* A., vol. 56, fol. 151.
[59] *Nova Scotia* A., vol. 56, fol. 153.

mes plus sincères remerciements pour l'honneur que vous m'avez fait en me recommandant à Sa Majesté comme une personne digne d'une fonction aussi importante, que je m'efforcerai toujours de remplir avec la plus grande fidélité. »[60]

Avant de prendre connaissance de la réponse que firent à Lawrence les lords commissaires du Commerce et des Colonies, disons, en passant, un mot sur la question du serment d'allégeance.

À peine arrivé à Halifax, en 1749, en qualité de gouverneur, Cornwallis convoqua les députés acadiens des divers districts, et exigea d'eux et de leurs commettants qu'ils vinssent prêter serment d'allégeance sans restriction aucune. Les instructions du roi d'Angleterre à son représentant à Halifax étaient, à ce sujet, formelles.

En 1726, les Acadiens de la rivière Annapolis-Royal, entourés de la garnison du fort qui était sous les armes, et des canons braqués sur eux,[61] avaient prêté un serment conditionnel, et l'année suivante, ceux des autres districts de l'Acadie en firent autant.

---

[60] *Nova Scotia* A., vol. 56, fol. 48.

[61] Jonathan Belcher, juge en chef à Halifax, dans son infâme mémoire préparé à l'avance pour justifier la déportation, et lu à la séance du Conseil, tenue à la maison de Lawrence, le 28 juillet 1755, en présence de Boscawen et de Mostyn, dit : « En 1725 (sic), lorsque le général Philipps (sic) envoya des troupes pour les forcer (les Acadiens) à prêter le serment. »
Ceci se passa en 1726 et non en 1725, et ce fut le colonel Lawrence Armstrong, lieutenant-gouverneur de la province, qui commanda aux troupes de cerner les habitants de la rivière Annapolis-Royal, réunis au fort. Le gouverneur Philipps était retourné en Angleterre en 1722. L'extrait suivant, tiré des « Représentations des habitants » de l'Acadie, en 1753, n'a pas besoin de commentaire. Voici : « Et en effet, selon toutes les lois, que peut-on exiger en conséquence d'un serment que l'on fait faire en menaçant d'opprimer, de réduire à la dernière misère, et si on disait que pour avoir ce serment, on fait mettre le monde sous la bouche du canon, on fait venir le canonnier mèche allumée comme on l'a fait à Annapolis-Royal, un serment de même lie-t-il bien celui qui le fait ? » (Archives publiques du Canada, série M., vol. 653, fol. 240.)

Au mois de décembre 1729, au retour de Philipps, gouverneur de la province, les Acadiens d'Annapolis-Royal prêtèrent volontairement un serment sans condition. Au printemps suivant les habitants des Mines, de Cobéquid, de Piziquid et de Beaubassin, prêtèrent un semblable serment, mais exigèrent de Philipps un certificat disant qu'ils ne seraient pas requis de prendre les armes ni contre la France, ni contre les Sauvages. De là leur est venu le nom de *Neutres*.

À l'exception d'une vingtaine, les Acadiens furent fidèles à leur serment, malgré les sollicitations, les menaces même de Du Vivier en 1744, de Marin en 1745, et de Ramezay en 1746 et 1747. C'était pendant la guerre entre la France et l'Angleterre, de 1744 à 1748. La France en profita pour tâcher de reprendre l'Acadie, et à cet effet, en 1744, des troupes furent envoyées de Louisbourg, et en 1745 et 1746, de Québec. Si les Acadiens eussent pris les armes en se joignant aux troupes venues de Louisbourg ou de Québec, le fort d'Annapolis-Royal aurait certainement été pris et l'Acadie tout entière serait redevenue, par ce fait, possession française. Les Acadiens ne voulurent pas trahir leur serment, à l'exception d'une vingtaine. Malgré cela, les autorités anglaises d'Annapolis-Royal exigèrent d'eux, en 1748, le renouvellement de leur serment, ce à quoi ils se conformèrent de bonne grâce. Mais en 1749, quand Cornwallis voulut leur faire prêter un nouveau serment d'allégeance, ils lui déclarèrent qu'ils étaient prêts à renouveler leur ancien serment, mais tous refusèrent le nouveau que ce gouverneur exigeait d'eux.

Cornwallis, humilié, vexé d'un tel refus, s'en plaignit aux lords du Commerce et des Colonies et au secrétaire d'État. On lui répondit de temporiser. Sous prétexte de maladie, Cornwallis demanda son rappel, qui lui fut accordé, et Hopson fut envoyé en 1752 pour le remplacer. Autant Cornwallis était hautain, autoritaire, autant son successeur était temporiseur, conciliant.

Malheureusement pour nos pères, le séjour de Hopson au gouvernement de l'Acadie fut de trop courte durée. Atteint d'un mal d'yeux qui le faisait beaucoup souffrir, il demanda à repasser en Angleterre pour suivre un traitement. Cette permission lui fut accordée, mais sur la recommandation de Cornwallis auprès des autorités de Whitehall, le colonel Charles Lawrence, président du Conseil à Halifax, fut désigné pour commander en l'absence de Hopson.

Le fondateur d'Halifax, en faisant nommer Lawrence commandant en chef de la Nouvelle-Écosse, savait que celui-ci saurait le venger de l'humiliation que les Acadiens lui avaient fait éprouver. Pendant les trois années qu'ils passèrent ensemble à Halifax, il eut plus d'une fois occasion de connaître le caractère de cet homme ambitieux, flatteur, cupide, féroce, sans entrailles. Il savait également qu'il était capable, secondé par William Shirley, gouverneur de la baie du Massachusetts, d'entreprendre, d'accomplir des actes les plus audacieux, les plus inhumains. Il ne s'est pas trompé.

La question du serment n'était qu'un faux prétexte, un trompe-l'œil. À diverses reprises, comme on vient de le voir, les Acadiens avaient prêté serment d'allégeance à la couronne d'Angleterre, savoir en 1726, 1727, 1729, 1730 et 1748. Il est vrai que ce serment était conditionnel, mais ils l'observèrent religieusement, à l'exception d'une vingtaine qui se rangèrent du côté des troupes venues de Louisbourg en 1744, et de Québec en 1745 et 1746, pour s'emparer de l'Acadie.

Et cependant, que de lettres et de mémoires n'avait-on pas écrits auparavant, de Boston et d'Annapolis-Royal, au secrétaire d'État et aux lords du Commerce et des Colonies, dans lesquels on disait qu'à la première rupture entre la France et l'Angleterre les Acadiens se joindraient aux troupes françaises !

Ce fut pendant cette guerre de la Succession d'Autriche (1744-1748) que la neutralité des Acadiens fut mise à la plus grande épreuve. À l'exception d'une vingtaine, tous furent fidèles à leur serment.

Lawrence ne devait pas ignorer ces faits. Cependant, on vient de lire les perfides accusations qu'il portait contre eux, le 1er août 1754, aux lords du Commerce et des Colonies, au moment où il tramait avec Shirley leur enlèvement de l'Acadie. Il mentait donc effrontément en disant à ces lords qu'il était loin de vouloir entreprendre le bannissement des Acadiens sans l'autorisation de leurs Seigneuries, puisque, de concert avec Shirley, il fit lever, avant d'en avoir été autorisé, un régiment de troupes irrégulières pour chasser d'abord les troupes françaises qui étaient à Beauséjour, à Gaspareau et à la rivière St-Jean, et ensuite pour déporter les Acadiens. Shirley, par sa lettre du 6 janvier 1755, à Lawrence, parlant des troupes irrégulières qu'on levait au Massachusetts pour aller s'emparer des forts français sur l'isthme de Chignictou, dit : « Il est tout possible qu'après le but de l'expédition atteint, il y aura occasion de garder plus longtemps quelques-unes des troupes irrégulières pour d'autres motifs. »

Ces « autres motifs » *(on other accounts)*, quoique non spécifiés, sont indubitablement l'enlèvement des Acadiens.

XI – Réponse des lords commissaires du Commerce et des Colonies à Lawrence

Les lords commissaires du commerce et des Colonies, auxquels Lawrence, par sa dépêche du 1er août 1754, proposait, si les Acadiens refusaient de prêter le serment d'allégeance à Sa Majesté britannique, « de les laisser partir », n'osant pas dire de les chasser comme c'était évidemment le fond de sa pensée, lui répondirent le 29 octobre 1754. On constatera, par les extraits de leur réponse qui vont suivre, que les lords prirent le plaidoyer de Lawrence comme un ensemble de faits véridiques. Voici ce qu'ils disent : « Après vous avoir mentionné notre appréhension d'une guerre avec les Sauvages, et indiqué en général les mesures nécessaires à suivre en cas d'un tel événement, cela nous porte à prendre en considération ce que vous dites concernant l'état de la province relativement aux habitants français. Ce sont ceux-ci qui ont jusqu'à présent coopéré avec les Sauvages pour mettre obstacle à l'établissement de la province (par des colons de langue anglaise). Et, comme vous le faites justement observer, cette obstruction continuera tant que les Français resteront en possession des forts et établissements à Beauséjour, à la baie Verte et à la rivière St-Jean. Et quoique nous ne puissions pas former un jugement équitable, ou rendre une décision finale sur la mesure qu'il sera nécessaire de prendre à l'égard de ces habitants jusqu'à ce que nous ayons soumis toute l'affaire devant Sa Majesté et reçu là-dessus ses instructions, cependant, il ne serait pas tout à fait inutile de vous indiquer quelques mesures que l'on pourrait appliquer provisoirement jusqu'à ce que le bon plaisir de Sa Majesté soit connu.

« Nous avions l'espoir que notre douceur envers ces gens, en leur accordant le libre exercice de leur religion et la paisible possession de leurs terres, nous auraient insensiblement gagné leur amitié et leur appui et les auraient détachés de leurs affections pour les Français. Mais nous constatons avec chagrin que cette douceur a eu si peu d'effet qu'ils tiennent encore la même conduite envers eux et envers nous qu'avant l'établissement de la province (c'est-à-dire depuis la fondation d'Halifax en 1749) en leur fournissant la main-d'œuvre, les provisions, et les informant de tous nos projets, tandis qu'eux nous cachent leurs desseins.

« La proclamation que vous avez publiée (au mois de juin 1754) pour rappeler les habitants des Mines et de Cobéquid qui étaient allés travailler aux levées que les Français font construire à Beauséjour, est certainement une mesure convenable et prudente, de même que la proposition que vous leur avez faite de les employer à Halifax. Et nous aurions été heureux d'apprendre que cette proposition avait eu l'effet désiré. Mais dans l'état actuel de la province on ne peut pas l'espérer.

« Il est certain que d'après le traité d'Utrecht ils (les Acadiens) ne pouvaient devenir sujets de la Grande-Bretagne qu'en prêtant le serment requis après l'expiration d'une année, ce qui est une condition expresse du traité.

« Par conséquent, c'est une question qui mérite considération de savoir jusqu'à quel point ils peuvent être traités comme sujets sans avoir prêté tel serment, ou si leur refus de prêter ce serment n'aurait pas pour effet d'invalider leurs titres à leurs propriétés. C'est là, cependant, une question que nous ne prendrons pas sur nous de décider d'une manière absolue, mais nous espérons que vous voudrez bien consulter le juge en chef sur ce point et que vous suivrez son avis, qui pourra servir de base à toute mesure qui peut, dans l'avenir, être jugée nécessaire relativement à ces habitants en général.

« Quant à ceux du district de Chignictou qui sont actuellement avec les Français à Beauséjour, si le juge en chef est d'opinion qu'en refusant de prendre le serment sans restriction, ou en désertant leurs habitations pour aller rejoindre les Français, ils ont perdu leurs droits à leurs terres, nous désirons que des mesures nécessaires soient prises pour déclarer la déchéance de leurs titres par des procédés légaux, afin que vous soyez en état de pouvoir concéder ces propriétés à toutes personnes qui désireraient s'y établir. Et nous croyons qu'un tel établissement serait d'une grande utilité, s'il peut s'exécuter dans l'état actuel des choses. Et comme M. Shirley a fait entendre au comte d'Halifax qu'il est probable qu'un nombre considérable d'émigrants de la Nouvelle-Angleterre s'y établissent, vous feriez bien de le consulter à ce sujet. Mais, il nous semble que toute idée d'un établissement anglais à cet endroit est absurde, à moins que les forts français de Beauséjour, de la baie Verte et de la rivière St-Jean ne soient détruits, que les Sauvages ne soient chassés de leurs lieux de résidence et que les Français ne soient obligés de se réfugier sur les îles improductives du Cap Breton et de St-Jean, et au Canada. »[62]

---

[62] *Nova Scotia* A., vol. 56, fol. 76.

XII – Diverses interprétations données à la lettre de sir Thomas Robinson, du 13 août 1755

Cette longue parenthèse ouverte et fermée, revenons à la dépêche de sir Thomas Robinson du 13 août 1755. Vu que les écrivains interprètent différemment cette dépêche, les uns prétendant qu'elle défend à Lawrence d'expulser les Acadiens qui habitent la péninsule, et les autres disant qu'elle signifie tout le contraire, pour régler la question Monsieur le docteur A. G. Doughty, C. M. G., Archiviste du Dominion, s'est adressé à deux éminents juristes dont la compétence en la matière est incontestable, pour en donner leur interprétation. Ce sont MM. les avocats J. S. Ewart, d'Ottawa, et Eugène Lafleur, de Montréal. Ci-suit les lettres qu'ils envoyèrent à M. Doughty, savoir :

« 400 rue Wilbrod, Ottawa, le 8 mai 1920.
« Cher Dr Doughty,
« Vous m'avez envoyé une lettre du gouverneur du 28 juin 1755 et la réponse de sir Thomas Robinson du 13 août 1755, et vous me soumettez les deux questions suivantes, savoir :
« Premièrement : La lettre de sir Thomas Robinson était-elle une autorité suffisante pour l'expulsion, qui à cette date était bien avancée ?
« Deuxièmement : Peut-on tirer de cette lettre la conclusion que le gouvernement britannique était en faveur de la déportation ?

« Dans la lettre du gouverneur je ne trouve aucune référence relative à l'expulsion d'aucuns des habitants français, excepté de ceux du district de Beauséjour. Je crois que sa référence ne se rapporte pas seulement à ceux qui étaient à l'intérieur du fort, mais qu'elle comprend ceux du voisinage. Les Acadiens qui devaient bénéficier du pardon, d'après les termes de la capitulation, n'étaient pas uniquement restreints à ceux qui travaillaient à la défense du fort. Vous remarquerez que le gouverneur, dans sa lettre, déclare que les Acadiens étaient activement occupés en dehors comme à l'intérieur du fort.

« Il est parfaitement clair que le gouverneur, en disant : 'Je lui ai donné les ordres pour les déporter du pays', réferait simplement aux 'habitants français qui avaient déserté' et qui pouvaient être employés à mettre les troupes à couvert – voulant par là dire l'érection de nouvelles casernes.

« Sir Thomas Robinson semble avoir cru que le gouverneur avait en vue l'intention de déporter tous les habitants de la péninsule, dont le nombre s'élevait à plusieurs milliers. Comme je l'ai dit, je ne vois rien dans la lettre du gouverneur pour justifier la présomption d'une telle intention ; mais relativement à la seconde des questions que vous m'avez soumises, le fait que sir Thomas Robinson a cru que le gouverneur pouvait avoir l'intention d'une déportation générale est très important.

« Relativement à cette intention possible, sir Thomas Robinson semble avoir donné au gouverneur une grande discrétion.

« Il montre que le gouverneur avait dû agir d'après un strict sentiment de sécurité indispensable et immédiat pour votre gouvernement, et sans avoir considéré les conséquences pernicieuses qui pourraient résulter d'une alarme qui aurait pu se produire dans le corps des Français neutres, et combien le désespoir peut produire une insurrection, et aussi quel nombre additionnel de sujets utiles pourrait être donné, par leur fuite, au roi de France.

« Sir Thomas recommande ensuite au gouverneur d'user de la plus grande précaution et de la plus grande prudence dans votre conduite vis-à-vis ces neutres, et d'assurer ceux d'entre eux en qui vous pouvez avoir confiance, particulièrement lorsqu'ils prêteront le serment à Sa Majesté et à son gouvernement, qu'ils peuvent demeurer dans la tranquille possession de leurs terres, sous une législation convenable.

« Dans ce passage et dans celui qui le suit, sir Thomas indique clairement que la politique du gouvernement consistait à retenir ceux d'entre les Acadiens auxquels on pouvait avoir confiance, parce qu'ils pouvaient devenir des sujets utiles et aussi parce que leur déportation contribuerait à augmenter les forces du roi de France, laissant au gouverneur Lawrence le choix de ceux en qui on pouvait avoir confiance et de déporter ceux auxquels on ne pouvait se fier, le gouvernement britannique, par la lettre de sir Thomas Robinson, devint responsable.

« Dans les remarques ci-dessus je me suis borné, selon votre désir, simplement à interpréter les deux lettres que vous m'avez soumises.

« Comme vous le savez, il existe d'autres documents qui ont une portée considérable sur le sujet.

« Quant à savoir, premièrement si le gouvernement britannique aurait dû laisser au gouverneur Lawrence une si grande discrétion, et deuxièmement si le gouverneur, dans ses procédés, a employé cette discrétion, ce sont deux points sur lesquels je n'ai rien à dire aujourd'hui.

« Tout à vous,
« JOHN S. EWART. »

« Montréal, le 21 juin 1920.
« A. G. Doughty, Ecr., C.M.G., LL.D..
« Archives du Dominion, Ottawa.
« Cher Dr Doughty,
« En relisant votre lettre, je reste un peu dans l'incertitude de savoir si, par votre question, on peut inférer de la lettre de sir Thomas Robinson qu'il (Robinson) approuvait l'expulsion des Acadiens, ou que Lawrence l'approuvait.

« Voici ce que vous dites : 'Quelques écrivains ont prétendu que cette lettre – la lettre de Robinson du 13 août 1755 – est une approbation de l'expulsion par Lawrence.'

« En autant qu'il s'agit du lieutenant-gouverneur Lawrence, il ne peut pas y avoir de doute qu'il voulait et qu'il avait autorisé l'expulsion, bien qu'il me soit très difficile de comprendre cette attitude, vu les termes de la capitulation de Beauséjour qui stipulaient que les Acadiens seraient pardonnés d'avoir pris les armes pour les Français parce qu'ils y avaient été forcés sous peine de mort.

« Si votre lettre a pour but de savoir si la dépêche de sir Thomas Robinson est une approbation de l'expulsion, je trouve dans sa lettre que bien qu'il ne fût pas disposé à désavouer les mesures prises par le lieutenant-gouverneur pour ce que ce dernier considérait nécessaire pour la sécurité immédiate et indispensable du gouvernement, il espérait qu'il ne serait pas nécessaire d'expulser de la péninsule un nombre considérable d'habitants français, tout au plus il n'aurait désapprouvé l'expulsion de ceux d'entre eux en qui on ne pouvait reposer aucune confiance et qui auraient refusé de prêter le serment d'allégeance, mais la citation qu'il fait de la demande de l'ambassadeur français en mai 1755, et d'après les instructions données par le roi, en réponse à cette demande, il est clair que Robinson aurait désapprouvé et regretté une mesure ordonnant l'expulsion d'un grand nombre d'Acadiens.

« De plus, il me semble qu'on ne peut pas dire que Robinson a approuvé ou projeté la déportation des Acadiens dans les colonies britanniques éloignées. Tout au plus a-t-il pu avoir en vue la déportation possible, sur le territoire occupé par les Français, de la partie récalcitrante de la population ; autrement il n'aurait pas cité la remarque que la mesure proposée priverait la Grande-Bretagne d'un nombre très considérable de sujets utiles.

« Je serais heureux de connaître les vues de M. Ewart sur le sujet.

« Bien à vous,
« E. LAFLEUR. »

J'éviterai tout commentaire sur l'interprétation donnée par ces deux érudits juristes, si ce n'est que, d'après ma connaissance des documents relatifs à la question, sir Thomas Robinson n'avait point en vue d'ordonner la déportation des Acadiens de la péninsule, il ne visait que ceux de Chignictou, et en cela il se basait sur la lettre ambiguë de Lawrence, qui pouvait lui faire croire que c'était déjà un fait accompli.

Ci-suit un extrait d'une lettre inédite de Lawrence à Monckton. Elle est datée d'Halifax, le 25 juin 1755, soit neuf jours après la reddition du fort Beauséjour. Voici : « Je suis encore bien indécis au sujet du sort de vos habitants rebelles. Leur prétention qu'ils ont été forcés de prendre les armes est une insulte au bon sens, et comme ils méritent le plus sévère châtiment, je suis heureux de constater que vous avez soigneusement évité dans vos articles de capitulation (suivant le désir que je vous en exprimais dans ma lettre du 29 janvier) quoi que ce soit qui puisse permettre aux habitants de jouir à l'avenir de leurs terres et de leurs habitations, car je sais très bien si on leur permet de rester, ils nous seront pour toujours une douloureuse épine à souffrir. Avec leur aide, les Français seront en état de nous causer beaucoup de trouble et sans eux ils ne pourront entreprendre rien d'important. C'est pourquoi, bien que présentement votre peuple pourrait en profiter et s'en servir pour tous les travaux qui pourraient être faits sans s'exposer aux attaques des Sauvages, cependant, il me faudrait avoir des preuves de leur chagrin et de leur repentir pour leur conduite passée avant de me décider à leur permettre de continuer à posséder ces terres de grande valeur, et surtout, pour ceux qui se trouvent à des distances éloignées, tels que les habitants de Chipoudie, Memramcouk, Petcoudiac, Gédiac, etc., ainsi répandus sur un vaste territoire entrecoupé par de grandes rivières, et conséquemment en dehors de l'influence du commandement du fort, ces habitants, dis-je, assisteront nos ennemis de toutes manières possibles. Le capitaine Spital me dit que Vergor a tout détruit sur un rayon de deux milles du fort, ce qui nous indique clairement et fortement l'opportunité, sinon la nécessité, de tout ravager au-delà de ces deux milles. Mais une fois bien établis sur l'isthme, nous aurons toujours le temps de faire ce travail de destruction : il est toujours facile de trouver un bâton pour battre un chien, surtout de tels chiens. À tout prix, ne souffrez pas qu'ils prêtent le serment d'allégeance (souvenez-vous que je vous ai défendu cela dans ma lettre du 29 janvier) de peur qu'ils se prévalent de cela pour fonder leurs réclamations. »[63]

Il ne faut pas oublier que Lawrence et son Conseil n'avaient pas encore officiellement décidé la déportation des Acadiens à la date où cette lettre fut écrite, bien que depuis longtemps Lawrence n'attendait que le moment propice pour mettre ce crime à exécution.

Bien que, par leur dépêche à Lawrence du 29 octobre 1754, les lords commissaires du Commerce et des Colonies lui mandent qu'ils soumettront au roi la question de savoir s'il fallait laisser partir les Acadiens, au cas où ces derniers persisteraient à refuser de prêter le serment d'allégeance, il est étrange qu'on ne trouve rien à ce sujet dans leur lettre au secrétaire d'État du 31 octobre 1754. Faut-il en conclure qu'ils transmirent à Robinson, par une autre lettre, l'extrait de la partie de la dépêche de Lawrence dont il s'agit ? Cela se peut, mais la chose n'en reste pas moins problématique.

Admettons, par hypothèse, que telle correspondance s'est échangée, le roi a dû se prononcer sur cette question. Quelle fut sa décision ? Fut-elle une réponse identique à celle de Shirley en 1747 ou un refus catégorique ? Ou bien encore Sa Majesté permit-elle à Lawrence de chasser ceux d'entre les Acadiens qui refuseraient de prêter le serment d'allégeance absolu ? Mystère.

L'écrivain soucieux de sa réputation se gardera de prendre la responsabilité d'affirmer que le roi d'Angleterre a ordonné l'expulsion des Acadiens, et pourtant c'est ce que l'éditeur d'*Acadie* a entrepris de faire.

---

[63] Vernon. – Wager's Collection in the Library of Congress, Washington.

Le grand pontife Léon XIII, par sa lettre *Saepe numero*, le 18 août 1883, dit : « La première loi de l'Histoire, c'est de ne pas mentir ; la seconde, de ne pas craindre de dire la vérité. »

C'est ce que je me suis efforcé de faire dans cette étude.

Le même Pape écrit au savant bénédictin dom Gasquet, comme suit :

« Publiez des archives du Vatican tout ce qui a quelque valeur historique, que cela jette du crédit ou du discrédit sur les autorités ecclésiastiques. Si les évangiles étaient écrits de nos jours, on justifierait le reniement de Saint Pierre et on passerait sous silence la trahison de Judas pour ne pas offenser la dignité des Apôtres. »

Quiconque, à l'aide des documents dont on connaît l'existence, se livre à une étude sérieuse et approfondie pour savoir sur qui faire retomber la responsabilité de la déportation des Acadiens, se pose les questions suivantes :

Est-ce sur le roi George ? Est-ce sur sir Thomas Robinson ? Est-ce sur le comte d'Halifax ? Est-ce sur Boscawen ou est-ce sur Lawrence ? La suite de cette étude le démontrera.

Jusqu'à présent il m'a été impossible d'établir par un document quelconque que Lawrence reçut des instructions secrètes soit du secrétaire d'État, soit du comte d'Halifax, président des lords du Commerce et des Colonies. Peut-on supposer qu'il y eut entente entre les autorités britanniques et Lawrence pour que celui-ci préparât et exécutât la déportation sans en donner connaissance au cabinet anglais, excepté quand tout serait fini ? On sait que Lawrence garda le silence pendant trois mois. Dans ce cas, la dépêche de Robinson à Lawrence du 13 août serait du simple camouflage et cela semble incroyable. Et que penser de la lettre de Lawrence au comte d'Halifax du 9 décembre 1755, où il s'excuse de son long silence ? Serait-ce aussi du camouflage ? Si oui, le silence de Lawrence était chose convenue et le lieutenant-gouverneur de la Nouvelle-Écosse aurait été assez habile pour ne pas se trahir.

Si la dépêche de Robinson du 13 août et celle de Lawrence du 9 décembre au comte d'Halifax ne sont pas du camouflage, alors il me paraît évident que Lawrence serait celui sur qui doit retomber la responsabilité de la déportation, à moins qu'il eût reçu des instructions secrètes, et rien ne le prouve.

Lawrence savait, à l'avance, que les Acadiens refuseraient de prêter un serment sans restriction, et en ordonnant à ceux-ci de se choisir des délégués et de les envoyer devant le conseil à Halifax, c'était un trompe-l'œil et c'était se donner un prétexte de déporter les habitants français.

L'éditeur de *Acadie* prétend que « le drame » de la déportation « a été longuement combiné et savamment mûri dans le mystère de la chancellerie britannique. » Mais cet avancé ne sort guère du domaine de l'hypothèse.

N'oublions pas que quand on se hasarde à faire des affirmations, il faut les pouvoir soutenir de preuves documentaires, autrement on risque fort de faire de l'imagination en histoire et de conclure d'après ses propres préjugés, plutôt que d'après les faits historiques. C'est ce qui me porte à agir avec beaucoup de prudence et de discernement sur la question de l'expulsion des Acadiens.

Certains écrivains ont prétendu que l'expulsion des Acadiens fut une mesure de guerre. Rien n'est plus faux, car, comme on le verra à l'Appendice F, ce sont leurs terres qu'on voulait avoir. D'autres veulent faire retomber tout l'odieux du drame de 1755 sur les missionnaires, surtout sur l'abbé LeLoutre. On trouvera la réfutation de cette absurde accusation dans mon prochain volume.

D'aucuns trouveront à redire de ce que je ne jette aucun blâme sur les Acadiens. En quoi les blâmerais-je ? Est-ce parce que les autorités britanniques qui commandaient à Annapolis-Royal et à Halifax les ont vilipendés, calomniés, les accusant à faux de prendre part aux atrocités que commettaient les Sauvages contre les colons de langue anglaise à la Nouvelle-Écosse ?

Shakespeare a raison de dire dans Othello : « Celui qui vole ma bourse me vole une bagatelle ; c'est quelque chose, mais ce n'est rien. Elle était à moi, elle est à lui, et a été l'esclave de mille autres. Mais celui qui dérobe ma bonne renommée me vole une chose qui ne l'enrichit pas, et qui me rend vraiment pauvre. »

L'esprit d'intolérance et de fanatisme que la Réforme, comme on l'appelle, a fait surgir en Angleterre, sous Henri VIII et ses successeurs, contre la religion catholique, s'est implanté en Acadie par les fils d'Albion après la reddition du fort Port-Royal, au mois d'octobre 1710. Il s'y est accru à mesure que l'élément anglais, venu de l'Angleterre et de la baie du Massachusetts, a pris racine dans le pays. Il ne faut pas oublier qu'à cette époque la persécution la plus atroce contre les catholiques était à son apogée dans le Royaume-Uni. Les gouverneurs britanniques et leurs délégués, à l'exception de Hopson et de Caulfield, apportèrent en Acadie les mêmes sentiments de haine et de persécution qui les animaient en Angleterre. Les représentants de la couronne britannique à Annapolis-Royal – l'ancien Port-Royal du régime français – ne regardaient les Acadiens guère mieux que s'ils eussent été des Sauvages ou des parias, et ils ne se gênaient nullement de leur faire sentir lourdement l'arrogance et la morgue qui caractérisaient ces nouveaux arrivés d'outre-mer et du Massachusetts dans le but de s'enrichir. Ils n'ont cessé non seulement de persécuter, d'emprisonner et de maltraiter nos pères et leurs missionnaires parce qu'ils ne pouvaient faire des protestants des premiers, mais ils les ont constamment représentés à Whitehall et à la cour de St. James comme des insoumis, des insolents et des traîtres. Ils peignirent les Acadiens comme les ennemis jurés du roi d'Angleterre. Ces mensonges n'enrichissaient pas les calomniateurs et les diffamateurs, dont les principaux furent les colonels Vetch et Francis Nicholson, le capitaine John Doucet, le colonel Richard Philipps, le capitaine Lawrence Armstrong, le colonel Edward Cornwallis, et le lieutenant-colonel Charles Lawrence, de néfaste mémoire, mais ils enlevaient à nos pères et à leurs missionnaires leur bonne réputation et les discréditaient aux yeux des lords du Commerce et des Colonies, et aussi à la Cour. Mais le pire ennemi des Acadiens fut incontestablement William Shirley, gouverneur de la baie du Massachusetts.

Celui qui veut se donner la peine de faire une étude sérieuse et approfondie des lettres écrites et des longs mémoires faits par ces divers personnages se convaincra facilement que les vers de Shakespeare dont je viens de donner la traduction s'appliquent, à la lettre, aux infamies débitées sur le compte des Acadiens et de leurs missionnaires.

Ici je fais mien, tant je le trouve juste et exact, ce passage d'un des appendices à la quatrième édition d'*Un pèlerinage au pays d'Évangéline*, par l'abbé H.-R. Casgrain. Il a trait à la position où se trouvèrent les habitants français de l'Acadie durant la guerre de la succession d'Autriche en Amérique, 1744-1748.

« Les Acadiens, qui avaient été soumis à des tromperies et des persécutions de tout genre auraient pu, s'ils l'eussent voulu, secouer leur joug lorsqu'éclata la guerre de la succession d'Autriche. Ils auraient pu dire aux autorités d'Annapolis-Royal : 'Depuis que vous avez mis le pied dans notre pays, vous nous avez trompés ; vous nous tromperez encore. C'est vous-mêmes qui, par vos continuels manques de parole, nous avez déliés de la nôtre.' »

D'après mon humble opinion et mes faibles lumières, l'abbé Casgrain avait parfaitement raison de parler ainsi.

Mais que firent nos pères ? À l'exception d'une vingtaine, tant de Port-Royal que des Mines – c'est le chiffre que nous donna Mascarène – ils restèrent tous fidèles au serment qu'ils avaient prêté à Annapolis en 1729 et en 1730 en les autres districts de l'Acadie. C'est Mascarène lui-même qui confirme cette assertion.

Les Acadiens, après avoir juré allégeance au roi d'Angleterre, ont fidèlement et religieusement tenu leur serment, à l'exception d'une vingtaine, comme on vient de le voir. Lawrence se prévaut du fait que 300 Acadiens furent trouvés les armes à la main lors de la reddition du fort Beauséjour le 16 juin 1755, pour les accuser d'être des traîtres. Cependant, il savait très bien que ces habitants français avaient secoué le joug britannique en quittant la péninsule pour se réfugier sur l'isthme de Chignictou, territoire que la France réclamait comme étant sien, et ce faisant, ils étaient devenus sujets français, puisqu'à leur arrivée ils furent obligés de jurer fidélité à Louis XV. Ils n'étaient donc pas des traîtres. On avait forcé leurs pères à rester contre leur volonté sur le sol de la Nouvelle-Écosse, malgré le serment par eux prêté aux mois d'août et de septembre 1714 au roi de France de quitter ce pays et d'aller s'établir en territoire français. En 1749, lorsque le chevalier de la Corne et ses troupes arrivèrent de Québec à l'isthme de Chignictou, un bon nombre des fils issus de ceux à qui on avait refusé d'aller se fixer en terre française en profitèrent pour aller se mettre sous sa protection. Peut-on les en blâmer ? Assurément non. Les fréquentes vexations qu'on leur faisait subir les portèrent à prendre ce parti, et si tous les autres Acadiens de la péninsule avaient suivi leur exemple, comme l'abbé LeLoutre essaya de leur faire comprendre, la tragédie acadienne de 1755 n'aurait pas eu lieu, et le Nouveau-Brunswick serait aujourd'hui province française, bien que sous la domination anglaise comme le Québec. Ceux qui blâment le zèle déployé par l'abbé LeLoutre pour la cause française l'accusent à tort. Ce missionnaire voyait clair dans l'avenir, mais on n'a pas voulu l'écouter.

Loin de moi l'idée de prétendre que les Acadiens étaient sans défauts, mais ce n'était pas les êtres turbulents et insoumis que leurs détracteurs se sont complus à les dépeindre. Ils n'auraient pas été d'origine latine s'ils n'avaient pas eu entre eux des disputes et même des procès à propos de leurs terres, et c'est précisément le grand défaut que Lawrence leur trouve. C'était un peuple essentiellement moral, religieux et craignant Dieu. Ils ne demandaient qu'à vivre en paix avec ceux qui les gouvernaient, mais ceux-ci ne cessaient de les tracasser, parce qu'ils refusaient de prendre les armes contre les Français et les Sauvages et parce qu'ils faisaient bande à part et ne voulaient pas contracter mariage avec des personnes qui n'avaient pas leur croyance religieuse. Tels étaient nos pères.

Nous avons vu que la lettre de Lawrence, du 18 octobre 1755, parvint au secrétaire d'État le 16 novembre, tandis que les lords commissaires du Commerce et des Colonies ne reçurent la leur que le 20, et ils la lurent le 25. Et le 26 du même mois de novembre, c'est-à-dire une journée après en avoir pris connaissance, Dunk Halifax, J. Pitt, James Oswald et T. Pelham, lords commissaires du Commerce et des Colonies, par leur lettre datée de ce jour au nouveau secrétaire d'État, l'honorable Henry Fox, recommandaient à Sa Majesté le roi George d'élever Charles Lawrence au poste de capitaine général et de gouverneur en chef de la Nouvelle-Écosse. « Nous soumettons, disent-ils, humblement à Votre Majesté, de nommer Charles Lawrence, écuyer, le présent lieutenant-gouverneur, à la position de capitaine général et de gouverneur en chef de la dite province ; sous tous les rapports, il mérite hautement cette position.[64]

Le 18 décembre 1755, la Cour de St. James, par un ordre en Conseil, approuve la recommandation des lords commissaires et leur ordonne de préparer une commission et des instructions pour le nouveau titulaire.[65]

Lawrence fut nommé capitaine général et gouverneur en chef de la Nouvelle-Écosse le 7 janvier 1756,[66] et le 25 mars 1756, les mêmes lords commissaires, par leur dépêche de ce jour à Lawrence, montrent clairement qu'au lieu de le blâmer ils appuient sa conduite. Voici : « Nous avons communiqué au secrétaire d'État la partie de votre dépêche qui a trait à l'enlèvement des habitants français, et aux moyens mis en œuvre pour l'exécution de cette décision. Puisque vous affirmez que cette opération était indispensable pour assurer la tranquillité et la défense de la province dans la situation critique de nos affaires, nous ne doutons pas que Sa Majesté approuve la conduite que vous avez suivie. »[67]

Je ne connais aucun document venant du secrétaire d'État ou des lords commissaires blâmant ou réprimandant Lawence pour ce crime. Je suis convaincu qu'il n'en existe pas.

---

[64] *Nova Scotia* A., vol. 58, fol. 157.
[65] *Nova Scotia* A., vol. 58, fol. 174.
[66] *Nova Scotia* E., vol. 7.
[67] *Nova Scotia* E., vol. 59, fol. 18.

En disant que Lawrence « mérite hautement cette position », les lords commissaires du Commerce et des Colonies n'approuvaient-ils pas clairement l'expulsion des Acadiens ? Car autrement comment auraient-ils pu recommander qu'un tel homme fut élevé au poste de « capitaine général et de gouverneur en chef de la Nouvelle-Écosse » ?

Et en ratifiant, par cette commission, la conduite de Lawrence, le cabinet britannique n'a-t-il pas assumé, devant la postérité, sa part de responsabilité de la déportation des Acadiens ?

Je n'ai pas la prétention d'avoir résolu la question de savoir sur qui retombe la responsabilité de la tragédie acadienne. Je me flatte, néanmoins, que mon étude jette un jour nouveau sur ce sujet. Avec les documents qui surgiront des fouilles qu'on fera aux dépôts d'archives en Angleterre ou ailleurs, d'autres combleront des lacunes que, faute de pièces justificatives, je n'ai pu remplir. Je n'ai poursuivi qu'un but, c'était d'abord, pour moi, d'arriver à la découverte de la vérité historique, et en second lieu de la faire connaître aux autres.

Appendice A

L'église St-Charles de la Grand-Prée

Tous ceux qui ont écrit, à ma connaissance, sur la Grand-Prée, s'accordent à dire que Winslow fit incendier l'église de cette localité à l'automne de 1755, après le départ des navires emmenant les Acadiens en exil. En cela ils se trompent, car l'église de St-Charles de la Grand-Prée ne subit pas le même sort que celle de St-Joseph de la Rivière-aux-Canards, qui fut incendiée au commencement du mois de novembre de cette même année.

On sait que, le 18 août 1755, Winslow jetait l'ancre dans la rivière des Gaspareaux et, le lendemain, il établissait son camp entre l'église et le cimetière. Il transforma l'église de St-Charles de la Grand-Prée en place d'armes et le presbytère lui servit de résidence. Il demeura là jusqu'au 13 novembre 1755, alors qu'il partit pour Halifax, où il arriva le 19 du même mois. Il laissa le capitaine Osgood pour commander à sa place et déporter ce qui restait des habitants que, faute de navires, on n'avait pu embarquer. C'est pourquoi un bon nombre des maisons de l'ancien village de la Grand-Prée ne furent pas incendiées, non plus que l'église.

Osgood et son détachement hivernèrent à la Grand-Prée, semble-t-il, et après leur départ, en 1756, cette localité fut entièrement abandonnée jusqu'en 1760, quand arrivèrent des colons de langue anglaise venus du Connecticut ; alors la Grand-Prée fut baptisée du nom de Horton. Cette appellation de Horton est aujourd'hui disparue.

Je détache du *Kentville Chronicle* le passage suivant publié en 1885 : « C'est une erreur de supposer que le colonel Winslow et ses troupes ont brûlé et détruit toutes les bâtisses appartenant aux Français à Horton, Cornwallis ou Cobequid. De fait, les Acadiens ne furent tous emmenés de Grand-Prée qu'en décembre 1755, et pendant le temps qui s'est écoulé entre septembre et décembre de cette année, plusieurs des résidences furent occupées par les Acadiens eux-mêmes, et quand les colons du Connecticut arrivèrent pour la première fois dans Horton en 1760, et dans Cornwallis en 1761, bon nombre d'entre eux se retirèrent dans les maisons françaises et mirent leurs animaux dans les granges. Old Barns, près de Truro, sur la baie Cobequid, est nommé d'après les granges françaises qui s'élevèrent là pendant longtemps, et jusque vers 1866 une vieille grange acadienne, avec un toit en chaume, s'élevait sur une petite colline vis-à-vis la maison de Ross Chapman, sur la rue Church, Cornwallis. Pendant longtemps elle servit de résidence au colonel Kerr, qui alla finalement se fixer à Parrsboro, et l'hon. Samuel Chipman s'en rappelait bien. Dans Horton, plusieurs des maisons du village de la Grand-Prée étaient encore debout longtemps après l'arrivée des colons de la Nouvelle-Angleterre, et une description minutieuse de l'église a été transmise jusqu'à nos jours. »

Qu'est devenu le manuscrit de cette description de l'église de la Grand-Prée ? Ce serait une pièce très importante à découvrir.

Où se trouvait cette église ? Est-ce vraiment sur le site qu'on indique de nos jours ? On ne peut en douter.

La première église, qui était de petite dimension et qu'on peut appeler chapelle, a été bâtie sur une île, aujourd'hui disparue. Qu'on en juge par l'extrait suivant, tiré de l'*État présent de l'Église et de la colonie française dans la Nouvelle-France*. C'est au mois de juillet 1686 que Mgr de Saint-Vallier s'arrêta aux Mines en revenant de Beaubassin. Voici : « De là je passai aux Mines : c'est une habitation qui s'appelle ainsi à cause du voisinage d'un rocher où, selon toutes les apparences, il y a une mine de cuivre, qu'on nous fit voir en passant. Les habitants sont des jeunes gens bien faits et laborieux, qui sont sortis de Port-Royal, comme ceux de Beaubassin, dont ils ont suivi l'exemple, pour dessécher leurs marais. J'employai un jour entier à contenter leur dévotion ; le matin je fus occupé à les exhorter, à les confesser et à les communier à ma messe, et l'après-dînée à baptiser quelques enfants, et à terminer des divisions et des procès.

« Ils me pressèrent en partant de leur donner un prêtre, et ils me promirent non seulement de le nourrir, mais encore de lui bâtir une église et un presbytère dans une île appartenant à l'un d'eux, qui me l'offrit à ce dessein, ou toute entière, ou en partie, selon qu'on en aurait besoin. »

Tout me porte à croire que le colon qui offrit de céder le terrain qui, à marée haute, formait une île – pour y bâtir une église et un presbytère – était un jeune homme de 32 ans nommé Pierre Thériault, marié l'année précédente à Cécile Landry, née à Port-Royal en 1664, fille de René et de Marie Bernard. Lui aussi avait vu le jour à Port-Royal en 1655, et était fils de Jean Thériault et de Perrine Bau. Voici ce que dit de lui le sieur DeGoutin au ministre, le 9 septembre 1694 : « Le dit Thériot est le plus considérable des Mines, dont il est comme le fondateur, ayant avancé presque tous ceux qui y sont venus s'habituer, sa maison étant l'asile de tous les veuves et orphelins et gens nécessiteux. »

Voici son extrait de sépulture tiré des registres de Saint-Charles de la Grand-Prée : « Aujourd'hui 21 mars de la présente année 1725 est décédé Pierre Therrio, âgé de 60 ans, après avoir reçu les sacrements de Pénitence, d'Eucharistie et d'Extrême-Onction. Son corps a été inhumé dans le cimetière de cette paroisse, le 22 dudit mois de mars de la même année, étant mort le 21, avec les cérémonies de notre mère la Sainte Église Catholique, Apostolique et Romaine.

« Fr. Isidore Colet, missionnaire des Mines. »

Que Pierre Thériault fut ou non le donateur du terrain qui forme aujourd'hui le parc commémoratif de la Grand-Prée, ses cendres y reposent.[68]

Lorsque le terrain, cédé par Pierre Thériault ou bien par Pierre Melanson, sieur de la Verdure, fut endigué, les eaux des hautes marées cessèrent de l'entourer et d'en former une île.

En quelle année fut bâtie la première église de la Grand-Prée ? Voilà une question qu'on ne peut résoudre au juste, vu que les données se contredisent. Par un « recensement de la colonie de l'Acadie » fait en 1689, on voit qu'il y avait un prêtre aux Mines, mais il n'est pas fait mention d'église. À cette date, il y avait une église à Port-Royal et une autre à Chignictou, et deux prêtres à Port-Royal, un aux Mines, un à Chignictou et un à Pentagouet.

L'historien catholique américain Gilmary Shea, lors d'un voyage qu'il fit à la Louisiane en 1887, se rendit à St-Gabriel, Iberville, et trouva au presbytère de la paroisse les volumes des registres de la paroisse de St-Charles de la Grand-Prée, que les Acadiens avaient emportés avec eux lors du Grand Dérangement. En 1888, Shea écrivait à feu Mgr C. O'Brien, archevêque d'Halifax, que ces registres commençaient en 1688 et finissaient en 1755. En apprenant cette nouvelle, Mgr O'Brien s'adressa à l'archevêque de la Nouvelle-Orléans, le priant de bien vouloir ordonner que ces registres lui fussent envoyés à Halifax. Cette demande, d'abord favorablement accueillie, fut ensuite refusée. Il est malheureux que Mgr O'Brien n'ait pas accepté l'offre qu'on lui fit alors de lui faire faire une transcription fidèle de ces très précieux documents, car quand il y consentit, en 1895, une bonne partie de ces registres avaient été détruits lors de la grande inondation qui eut lieu à l'automne de 1893. La surprise de l'archevêque fut donc grande en

---

[68] Il n'eut pas de lignée. Sa veuve convola en secondes noces le 12 août suivant avec Étienne Racois, dit DeRosier, maître chirurgien, qui fut inhumé le 30 janvier 1732, et sa veuve fut enterrée le 18 octobre 1741, aussi dans le cimetière de la Grand-Prée.

recevant cette transcription, qui ne commençait qu'en 1707 et finissait en 1748.

J'appris, à l'automne de 1893, que Mgr O'Brien savait où se trouvaient les registres de la Grand-Prée et je lui écrivis à cet effet. Voici ce que Sa Grandeur me répondit le 12 novembre 1893 : « Les registres de l'église Saint-Charles de la Grand-Prée de 1687 ou 1688 à 1755 se trouvent à l'église Saint-Gabriel, Iberville, Louisiane. Il y a cinq ans, j'ai demandé vainement de les remettre à ce diocèse. »

Par une autre lettre du même en date du 22 novembre 1895, il me dit : « J'ai été considérablement désappointé à la réception des copies des registres envoyées d'Iberville. La transcription en est très bonne, mais elle ne commence qu'en 1707 et il s'y rencontre de sérieuses lacunes. Le Dr Shea m'avait écrit que ces registres commençaient en 1688 – l'année que l'église fut ouverte. C'était un homme trop bien renseigné pour pouvoir se tromper au sujet de ces registres. Par conséquent, il a dû les voir là en 1887. »

D'après ce dernier extrait, l'église de la Grand-Prée aurait été ouverte au culte en 1688. Cependant, par un « recensement de la colonie de l'Acadie », fait en 1689, on voit qu'à cette date il y avait un prêtre aux Mines, mais il n'est pas fait mention d'église, ce qui démontrerait que Shea est dans l'erreur quant à l'ouverture de cette église en 1688. C'est vraisemblablement en 1689 que cette église ou chapelle fut bâtie, bien qu'on commençât à tenir des registres en 1688.

La maison de Pierre Thériault dut servir de résidence au prêtre missionnaire qui y célébrait également la messe avant la construction de l'église vers 1689.

Deux ans après sa visite aux Mines, Mgr de Saint-Vallier accéda à la demande des habitants et leur donna pour premier missionnaire résidant l'abbé Jean Beaudoin, qui y passa quelques mois, puis alla à Beaubassin. Il fut remplacé par l'abbé Louis Geoffroy, sulpicien, qui avait accompagné le deuxième évêque de Québec lors de son premier voyage en Acadie, en 1686. Il y passa trois années, de 1689 à 1692. Ce fut probablement lui qui fit bâtir, vers 1689, une chapelle, qui servit d'église paroissiale. L'abbé Geoffroy installa aux Mines des écoles qui portèrent des fruits : les nombreuses signatures des habitants aux registres de la paroisse l'attestent. En quittant les Mines, ce missionnaire alla prendre la cure de Laprairie, où il fut installé le 30 septembre. Il mourut à Québec en mars 1707. Il était né à Paris en 1661.

L'abbé Jean-Franeois Buisson de St-Côme, prêtre canadien, ordonné le 2 février 1690, lui succéda en 1692, Il eut le malheur de déplaire au sieur de Villebon, commandant à l'Acadie, et à De-Goutin, qui le prirent en grippe et ne cessèrent de porter des plaintes contre lui auprès du ministre jusqu'à ce qu'il partît, en 1699.

Son successeur fut l'abbé Guay, qui prit charge de la paroisse au mois de septembre 1699. C'était un prêtre sans expérience, sans tact ni mesure, et sur les plaintes qu'on porta contre lui, le ministre exigea son rappel en 1702. Comme son prédécesseur il était prêtre des Missions Étrangères. Ce furent les derniers qui desservirent les Mines pour nombre d'années.

Après le départ de l'abbé Guay, la paroisse passa aux religieux récollets de la Province de Saint-Denis ou Paris, qui fondèrent, en 1703, un couvent à Port-Royal.

Ce fut le Père Bonaventure Masson qui prit la desserte de la paroisse de la Grand-Prée en 1703, et il y resta jusqu'à sa mort.

Ci-suit l'extrait de sépulture de ce missionnaire : « L'an 1715, le 16 de février, est décédé le Rév. P. Bonaventure Masson, récollet missionnaire de cette paroisse, ayant gouverné cette paroisse durant douze ans avec édification, après une maladie très aiguë, et très sensible, son corps n'étant qu'une plaie, laquelle il a supportée avec une très grande patience et une parfaite résignation à la volonté de Dieu et avec un grand détachement des choses de la terre, conformément à son état. Et durant laquelle maladie il a reçu les sacrements de l'Eucharistie et de l'Extrême-Onction avec des sentiments très pieux et religieux, à lui administrés par Monsieur Gaulin, grand-vicaire de Monseigneur de Québec, et missionnaire des Sauvages, qui s'est trouvé heureusement dans la mission pendant la maladie. Son corps a été inhumé dans le cimetière de cette paroisse par Monsieur Gaulin, en foi de quoi j'ai signé ce 18 de septembre de la présente année.

« Fr. Félix Pain, Récollet, Missionnaire de Beaubassin. »

Ce fut sous l'administration de ce missionnaire qu'eut lieu, au mois de juillet 1704, l'invasion du colonel Benjamin Church, de la Nouvelle-Angleterre. Celui-ci pilla l'église, brisa les levées dans les marais, tua nombre de bestiaux, incendia presque toutes les maisons et fit plusieurs prisonniers. Après quoi il leva l'ancre et fit voile vers Beaubassin.

L'année suivante, le roi faisait acheter, à Paris, un calice, un ciboire, un ostensoir en argent massif, et un ornement complet pour la paroisse de Saint-Charles des Mines, qui furent envoyés sur le vaisseau du roi *le Profond* au Rév. Père Patrice René, supérieur des Récollets à Port-Royal, pour être remis au Père Bonaventure Masson. C'était, dit le ministre, « pour remplacer une partie de ceux qui ont été pris par les Anglais aux Mines. »

Le Père Bonaventure fut remplacé par un autre récollet, le Père Félix Pain. Ce religieux fut amené de France, en 1701, par le gouverneur de Brouillan, en qualité d'aumônier des troupes à Port-Royal, poste qu'il garda jusqu'au mois d'octobre 1710, lors de la reddition du fort à Nicholson. Il se rendit alors à Beaubassin, qu'il desservit de 1710 à 1717 tout en étant curé des Mines depuis 1715. Il quitta la paroisse des Mines au mois d'août 1724 et se rendit à l'Ile Royale, d'où il alla donner plusieurs missions à l'Ile St-Jean. Bien que décédé bien des années avant le drame de 1755, Longfellow en fait, sous le nom de *Père Félicien*, un des personnages du poème *Évangéline*. C'était un homme fort intelligent et d'une grande habileté, qui rendit d'immenses services aux Acadiens pendant qu'il fut curé des Mines. Il fut le dernier des Récollets de la Province de Saint-Denis qui exerça son ministère aux Mines.

Les Pères Récollets de la Province de Bretagne remplacèrent à l'Acadie ceux de la Province de Saint-Denis. Des religieux de ces deux Provinces étaient à l'Ile Royale depuis 1715, et même avant. Ceux de la Province de Bretagne avaient la desserte de Louisbourg et de quelques autres postes. C'est de Louisbourg que ces religieux arrivèrent en Acadie à la demande du commandant anglais d'Annapolis-Royal, qui ne pouvait plus souffrir les Récollets de la Province de Saint-Denis. Malheureusement, parmi les sujets qu'on envoya en Acadie, il s'en trouva quelques-uns dont la conduite fut fort répréhensible, ce qui occasionna le rappel de tous ces religieux en 1726.

De 1724 à 1730 il n'y eut pas de prêtre résidant à la Grand-Prée. Aux registres de cette paroisse on trouve que le Père Isidore Colet, de la Province de Bretagne – que le lieutenant-gouverneur Doucet à Annapolis avait envoyé à Piziquit comme missionnaire résidant – desservit la Grand-Prée du mois d'octobre 1724 au mois de novembre de la même année. Les Acadiens de sa paroisse l'en chassèrent l'année suivante, à cause de sa mauvaise conduite. Un autre récollet, nommé le Père Pierre Verquaillie exerça son ministère aux Mines du mois de mai 1725 au mois de juin suivant. Il s'était rendu quelques mois auparavant à Cobequid sans la permission du Conseil d'Annapolis et celui-ci ordonna son bannissement, le 13 janvier 1725. On le retrouve de nouveau à la Grand-Prée aux mois de mars et avril 1726.

L'abbé Antoine Gaulin, missionnaire des Sauvages, se trouva aux Mines au mois de juillet 1725, et il y retourna au mois d'octobre de la même année et y resta jusqu'au mois d'octobre 1726. On l'y retrouve au mois de février 1727 ; il repart au mois de décembre de la même année pour y revenir séjourner de janvier 1728 à avril de la même année. Il reparaît au mois de mai 1728 et au mois de juillet suivant et y demeure jusqu'au mois de mars 1730.

De 1726 à 1729, l'abbé Jean-Baptiste Brault fait des entrées aux registres aux dates suivantes : du 8 décembre 1726 au 17 du même mois ; les 4 et 7 mai 1727 ; le 11 novembre 1727 ; les 3 et 9 janvier 1728 ; le 9 mai, jusqu'au 22 du même mois 1728 ; les 15 et 18 juin 1728 ; les 14 octobre et 17 décembre 1728 ; les 16 et 17 avril 1729 ; les 6, 19, 24 et 25 juin 1729. Il fut rappelé en cette dernière année et personne ne le regretta, excepté les autorités anglaises.

Les Sulpiciens font de nouveau leur apparition à la cure de la Grand-Prée. Le premier qui y arrive fut l'abbé Charles de la Goudalie, dont la première signature aux registres est du 24 juin 1729 ; la deuxième est du 8 octobre 1729 et la troisième est du 22 avril 1730, quand il prend charge de la cure, qu'il garde jusqu'au 14 mars 1740.

Il eut l'abbé Jean-Baptiste Desenclaves, autre sulpicien, pour successeur, lequel desservit la paroisse du 30 avril 1740 au 19 septembre 1741.

Celui-ci fut remplacé le 30 octobre 1741 par l'abbé J. L. Laborest, qui garda cette cure jusqu'au 5 juin 1742.

De retour d'un voyage en France qu'il fit en 1740, l'abbé de la Goudalie alla, au mois de décembre 1741, prendre la cure de Port-Royal, où il resta jusqu'au mois de juin 1742, alors qu'il se rendit à la Grand-Prée reprendre la cure qu'il avait desservie pendant dix ans. Sa première signature, après son retour, est du 23 juin 1742, et la dernière du 6 août 1748, alors que les autorités britanniques d'Annapolis-Royal le forcèrent à quitter la province. Il gagna alors Louisbourg, d'où il passa en France. Il reparaît à Louisbourg le 1er octobre 1751, d'où il se rend à l'Isle St-Jean ; après cela on perd ses traces.

L'abbé Claude Jean-Baptiste Chauvreulx, qui desservit Piziquit pendant nombre d'années, alla, après le départ de l'abbé de la Goudalie, prendre la cure de St-Charles de la Grand-Prée, qu'il garda jusqu'au 4 août 1755, alors qu'il fut enlevé par un détachement anglais et conduit prisonnier au fort Edward, à Piziquit, d'où on l'emmena à Halifax ; de là il fut embarqué sur un navire de guerre, au mois d'octobre 1755, et transporté en Angleterre, d'où il traversa en France.

Nous avons vu qu'une chapelle qui servit d'église paroissiale fut bâtie à la Grand-Prée vers 1689. À cette date, la population des Mines ne comptait que 31 ménages formant 164 âmes. Trois ans auparavant il n'y avait que dix familles aux Mines, formant 57 âmes. Mais en 1693, quatre ans après la construction de l'église, le nombre des chefs de famille était de 57 et ils formaient 307 âmes.

Les recensements nominatifs aux Mines pour les années 1698 et 1700 sont introuvables à Paris.

D'après le recensement pour l'année 1703, il y avait, aux Mines, 61 chefs de famille qui donnaient 421 âmes, et en 1707, on y trouve 88 hommes mariés et une population de 481 âmes.

Jusqu'ici, c'est le nom des Mines qui apparaît à chacun des recensements ; mais cette appellation générale du district disparaît en 1714.

Par les Mines il faut entendre le territoire qui comprend Piziquit, la Grand-Prée, les rivières Gaspareau, des Habitants, autrement dit des Mines (aujourd'hui Cornwallis), aux Canards, et celle de la Vieille Habitation.

Au recensement de l'année 1714, chacune de ces localités a un recensement séparé, savoir : à la Grand-Prée on compte 49 ménages formant 285 âmes ; à Gaspareau, 5 ménages donnant 35 âmes ; aux Habitants, 25 ménages formant 108 âmes ; aux Canards, 11 ménages faisant 77 âmes, et à la Vieille Habitation il y avait 5 ménages donnant 35 âmes. Le tout formait un total de 95 ménages et une population de 540 âmes.

À Piziquit (aujourd'hui Windsor), à quinze milles de la Grand-Prée, on comptait 53 chefs de famille avec 239 enfants, ce qui donnait une population de 344, tandis qu'à Cobéquit (Truro de nos jours) il y avait 24 ménages et 156 âmes.

Pendant nombre d'années, toutes ces localités formaient la paroisse de Saint-Charles des Mines.

Plus tard Piziquit fut formée en paroisse séparée, ainsi que la Rivière-aux-Canards, cette dernière sous le vocable de Saint-Joseph. À Piziquit il fallut, dans la suite, faire deux paroisses, savoir : celle de l'Assomption et celle de la Sainte-Famille. L'église de Cobéquit avait Saint-Pierre et Saint-Paul pour patrons.

Pendant longtemps il n'y eut qu'un seul prêtre pour desservir ces diverses localités.

En 1727 il y avait 140 familles à la Grand-Prée ; 97 aux Rivières-aux-Canards et des Habitants ; 160 à Piziquit et aux environs ; 110 à Cobéquit et lieux adjoints ; 200 à Beaubassin et dans les nouveaux établissements de Chipody, etc., et 220 à Port-Royal, formant un total de 927 familles.

Par ce recensement, la Grand-Prée avait une population d'environ 900 âmes.

Nous lisons dans un document fait à Louisbourg le 28 novembre 1731 et intitulé : *État de l'Acadie pour le gouvernement ecclésiastique*, ce qui suit : « La paroisse des Mines comprend la Grande Prairie et la Rivière-au-Canard. Dans ces deux endroits il y a 168 familles nombreuses, gens riches. Ces deux paroisses valent au moins 2.500 livres (en dîmes).[69] La Rivière-au-Canard est éloignée de quatre lieues de la Grand-Prée ; on y va par eau et par terre commodément. Ces deux paroisses doivent, pour le revenu, être jointes et (il faut) que le missionnaire des Mines soit tenu d'entretenir un vicaire. Ces deux missionnaires peuvent se passer de la pension de 400 livres. » C'est le gouvernement français qui payait cette somme, et on proposait de l'abolir, ce qui n'eut pas lieu.

Le sieur LeNormand, qui fut longtemps contrôleur à Louisbourg, de retour en France, fit, en 1739, un mémoire sur les affaires de l'Ile Royale et de l'Acadie, au cours duquel il dit que « M. de la Goudalie dessert la paroisse de la Grand-Prée, celle de la Rivière-des-Canards et les deux paroisses de Piziquit. Ces quatre paroisses sont situées à l'entrée du bassin des Mines. »

Une « description de l'Acadie avec le nom des paroisses et le nombre des habitants », faite en 1748, apparemment par l'abbé LeLoutre, nous montre que « l'Acadie est divisée en six paroisses.

---

[69] Soit à peu près $ 400, d'après la valeur de l'argent à cette époque, mais aujourd'hui cette somme équivaudrait à environ $ 2.000.
Je dois ce renseignement à l'amabilité de mon camarade de bureau, M. Francis-J. Audet, auteur de plusieurs ouvrages historiques.

La première est le Port-Royal … ; l'église est bâtie assez près du fort, et c'est ce qu'on appelle la basse-ville ; le curé s'appelle M. Desenclaves … ; l'on compte dans cette paroisse deux mille communiants…

« La seconde paroisse est la Rivière-aux-Canards. Elle a pour curé M. Miniac, grand archidiacre et vicaire général du diocèse de Québec. Il y a six lieues de pays bien cultivé ; on y compte six cents communiants (soit 900 âmes ou 180 familles).

« La troisième est la Grand-Prée. Elle a pour curé M. de la Goudalie, Grand-Vicaire de l'Acadie. Il y a quatre à cinq lieues de pays bien cultivé ; on y compte mille communiants (soit 1500 âmes ou 300 familles).

Belcher donne aux Mines, en juillet 1755, une population de 300 familles formant 1500 âmes. Ou il omet celle de la Rivière-aux-Canards, ou bien, de 1748 à 1755, il y eut un déplacement de 180 familles formant 900 âmes, qui quittèrent la Grand-Prée et la Rivière-aux-Canards pour se réfugier soit dans le district de Beauséjour, soit à l'Ile St-Jean, soit encore à la rivière St-Jean. Il est évident que par les Mines, Belcher entend les paroisses de la Grand-Prée et de la Rivière-aux-Canards.

Quand et sous quel prêtre fut bâtie l'église de Saint-Charles de la Grand-Prée, dans laquelle nos pères tombèrent, le 5 septembre 1755, dans le guet-apens que leur avait tendu Winslow ? Comme cette paroisse était composée de « gens riches », ainsi qu'on vient de le voir par le document fait à Louisbourg le 28 novembre 1731, il est raisonnable de croire qu'ils se construisirent une grande et belle église pour remplacer celle bâtie vers 1689, devenue trop petite. Tout me porte à croire que cette église fut érigée, soit entre les années 1715 et 1724, sous l'administration du Père Félix Pain, Récollet, soit entre les années 1730 et 1740, sous celle de l'abbé Charles de la Goudalie. Je ne trouve nulle part mention de l'érection de cette église dans les documents que nous avons aux archives publiques du Canada. Autant que possible, l'église qu'on bâtira dans le parc commémoratif de la Grand-Prée sera semblable à celle qu'il y avait là en 1755.

Sous la rubrique : *The Historic Catholic Church of St. Charles at Grand-Pré*, Madame M. J. Weatherbe, épouse de feu sir Robert L. Weatherbe, en son vivant juge de la Cour Suprême, résidant à la Grand-Prée, a publié dans le *Halifax Herald*, édition du samedi 9 mai 1896, un magistral et très sympathique article sur la Grand-Prée et la déportation des Acadiens. Il y figure un joli dessin représentant l'église et une partie du cimetière, fait par Karl Weatherbe, son fils. Cet article, qui prend dans le *Herald* plus de sept colonnes d'espace, mérite une bonne traduction française et publication en plaquette. Il en vaut la peine tant il est bien fait.

Appendice B

À propos des limites de l'Acadie.

Extrait d'un mémoire fait à Paris en avril 1755, au sujet des limites de l'Acadie : « On doit avouer que la sûreté de l'Acadie paraît demander que l'on cède aux Anglais la péninsule en entier ; mais néanmoins il est essentiel d'y opposer quelques réserves :

« 1° La liberté, pendant trois ans, aux Français qui l'habitent de pouvoir s'en retirer avec leurs effets, et toutes sortes de facilités pour cette transmigration qui paraît également avantageuse aux deux nations.

« 2° De conserver l'isthme ou Beaubassin, ou au moins d'en stipuler la neutralité, avec la faculté aux Français de pouvoir le traverser.

« 3° De laisser en deçà de l'isthme et sur la partie de la côte de la péninsule qui règne le long du golfe Saint-Laurent, une certaine étendue de pays qui ne puisse être habitée, défrichée, cultivée, et où l'on ne puisse couper du bois ; d'abandonner ce terrain aux Sauvages, et que ni l'une ni l'autre nation ne puisse le fréquenter.

« Nombre de considérations doivent engager l'Angleterre à pacifier les affaires de l'Acadie.

« Elle a fait de grandes dépenses depuis la paix d'Aix-la-Chapelle pour établir cette colonie ; mais presque tous les hommes qu'elle y a transportés à grands frais en ont déserté ; et leur colonie a fait si peu de progrès que les Anglais, qui n'y sont plus qu'en très petit nombre, sont obligés de se tenir renfermés dans leurs villes, et qu'il n'y a pas un seul cultivateur anglais dans le pays.

« Ils posséderaient l'Acadie un siècle qu'ils ne parviendraient point à s'y établir avec sûreté et tranquillité, tant qu'ils ne seront point d'accord avec les Français, puisque l'union des deux nations est le seul moyen d'en imposer à des Sauvages qui s'éparpillent dans les bois comme des mouches, qu'on ne peut joindre, et qui tuent ou qui massacrent tout ce qui s'écarte.

« Il est par la même raison de l'intérêt bien entendu de l'Angleterre de faire sortir de l'Acadie tous les anciens habitants français, qui de tout temps ont des liaisons avec les Sauvages, que leur inclination, leur sang, et leur religion attachent à la France, et qui ne seront jamais affectionnées à un gouvernement étranger et protestant.

« Si l'on pouvait parvenir à réserver Beaubassin à la France, on conserverait par là des terres aux environs de cette place qui sont défrichées, et qui sont d'autant plus précieuses qu'indépendamment du fait que les terres propres à être cultivées sont rares dans cette partie de l'Amérique, celles-ci serviraient à l'établissement des Français qui quitteraient l'intérieur de la péninsule ; et que pour conserver ces habitants il est d'une extrême importance de leur procurer des terres à proximité. »[70]

Le 9 mai 1755, M. de Rouillé, alors ministre des Affaires étrangères, expédia deux mémoires au marquis de Mirepoix, ambassadeur de Louis XV à Londres, et le 15 du même mois, le second de ces mémoires, contenant les nouvelles conditions françaises pour un accord sur la question des limites de l'Acadie, fut remis à Lord Grenville, un des titulaires du département des Affaires étrangères anglais. Parmi ces conditions se trouve celle qui donne aux Acadiens qui habitent l'Acadie anglaise, c'est-à-dire la péninsule, la faculté de se retirer sur le territoire français, savoir sur le territoire qui forme aujourd'hui la province du Nouveau-Brunswick.

---

[70] *Archives publiques du Canada*, série F, vol. 113-E, pp. 11-14.

Le gouvernement britannique attendit plus de trois semaines avant de donner une réponse officielle ; elle fut négative. Ce fut le secrétaire d'État, le chevalier Thomas Robinson, qui répondit au nom du roi le 7 juin 1755, comme suit : « À l'égard de la proposition d'accorder l'espace de trois ans à tous les Français qui habitent la péninsule pour s'en retirer avec leurs effets, ce serait priver la Grande-Bretagne d'un nombre très considérable de sujets utiles, si une pareille transmigration devait s'étendre aux Français qui y étaient établis au temps du traité d'Utrecht et à leurs descendants.

« Par le 15e article de ce traité, ces habitants ont eu à la vérité la liberté de se retirer ailleurs dans l'espace d'une année avec tous leurs effets mobiliers, mais ce temps étant expiré depuis quarante ans, il n'y a pas la moindre raison pour qu'un pareil droit subsiste à présent et il faut supposer que ceux qui ont voulu y rester sous la domination de la Grande-Bretagne, aussi bien que leurs descendants nés dans le pays, ne quitteraient leurs établissements qu'avec beaucoup de regret, même s'il était possible que le Roi de la Grande-Bretagne put consentir à une proposition si désavantageuse. »[71]

La Cour de France, dans sa réponse à celle de Londres, dit : « Le premier système des Commissaires anglais étend les anciennes bornes de l'Acadie jusqu'à la rive droite du fleuve Saint-Laurent et jusque vis-à-vis de Québec et au-dessus. C'est l'impossibilité de donner la moindre vraisemblance à de si vastes prétentions qui a disposé la Cour d'Angleterre à se restreindre dans la presqu'île et à vingt lieues de profondeur sur la terre ferme, tout le long de la côte de la Baie Française, et même dans une partie du golfe de Saint-Laurent. Mais la France ayant prouvé qu'une partie de la presqu'île même lui appartient, et ne pouvant, sans exposer le Canada, rien céder sur le continent voisin de cette presqu'île, croit assez faire pour la conservation de la paix en cé-

---

[71] *Archives publiques du Canada*, série F, vol. 113-E, p. 116.

dant sa portion de la presqu'île, dans laquelle portion il y a beaucoup de terrain défriché et cultivé et par conséquent précieux pour la nation à qui il demeurera ; cet arrangement paraît si avantageux pour l'Angleterre que la Cour de France s'est imaginée que le ministère britannique se prêterait volontiers aux légères restrictions sous lesquelles la France entend faire cette cession, et on est peiné de voir que soit faute de connaissance de l'état actuel du pays, soit par d'autres causes, qu'on ne peut pénétrer, on regarde en Angleterre comme des articles onéreux ceux qu'on n'a proposé de la part de la France que pour la sûreté réciproque. Car on peut assurer que le principal objet qu'on a eu en faisant ces propositions a été de manifester à l'Angleterre que si, d'une part, on ne voulait rien abandonner de ce qui nuit visiblement à la sûreté du Canada, on s'ôtait de l'autre tout moyen de rentrer en possession de l'Acadie, et même d'y troubler ou retarder l'établissement d'une colonie vraiment anglaise. C'est ce qu'on ne peut guère effectuer que par les clauses proposées, savoir :

« 1° En retirant du territoire anglais tous les habitants français que la différence de religion rendra toujours peu affectionnés au gouvernement de la Grande-Bretagne, et dont les liaisons indispensables avec les Sauvages seront toujours un obstacle au progrès des plantations des Anglais.

« Au surplus, le droit de retenir ces habitants dans le territoire anglais n'est pas si clair que semble l'annoncer le mémoire auquel on répond. Le traité d'Utrecht ne leur donne effectivement qu'un an pour se retirer, mais cette année ne peut effectivement commencer à courir que du jour qu'il leur sera connu que les limites seront réglées, autrement cette permission de se retirer avec leurs effets aurait été purement illusoire, et n'aurait eu d'autre objet que de ruiner ces pauvres habitants sans aucun avantage pour l'une ni pour l'autre Couronne.

« Quant au terme de trois ans, si on le trouve trop long, on peut l'abréger ; mais il est certain que, vu la longueur des hivers de ce pays, celui d'un an est trop court.

« La seconde restriction, qui est de laisser Beaubassin et son territoire à la France, tient à la première par la nécessité d'avoir un terrain où l'on puisse placer les familles sorties du territoire anglais ; familles qui sont déjà en assez grand nombre et qui le seront encore davantage après la décision des limites. Cette restriction est aussi fondée sur la sûreté bien plus précieuse et plus nécessaire à la France que n'est à l'Angleterre celle de la Nouvelle-Angleterre, où (quelle que soit l'étendue qu'on veuille lui donner) il n'y a jamais eu et il n'y a pas encore un seul Anglais cultivateur, et dont le commerce n'a encore jamais rien produit et produira très peu, malgré ce qu'avancent tant d'écrivains anglais ; c'est de quoi le ministère anglais ne paraît pas suffisamment instruit, puisqu'il met un si haut prix à l'extension de cette Nouvelle-Écosse *sur le continent*, extension qui ne produirait d'autre avantage que de rendre la possession du Canada précaire, extension demandée sans aucun droit et à laquelle par conséquent la France ne peut consentir. »[72]

---

[72] *Archives publiques du Canada*, série F, vol. 113-E, pp. 84-88.

Appendice C

L'achat du terrain de l'église de la Grand-Prée.

Il y eut quatre ans le 21 mars 1921, une assemblée d'Acadiens avait lieu au Monument Lefebvre, à St-Joseph, N.-B. Elle avait pour but d'entendre les propositions que les délégués de la compagnie du chemin de fer Dominion Atlantic venaient leur faire. C'était à propos de l'achat du terrain, là où fut l'église St-Charles de la Grand-Prée, que cette même compagnie venait d'acquérir et qu'elle voulait vendre aux Acadiens.

Le comité acadien constitué à cet effet se réunit le 23 du même mois à Moncton, dans la salle de la Société L'Assomption. Étaient présents : l'honorable sénateur Pascal Poirier, l'honorable David-V. Landry, M. le Dr Fred-A. Richard, M. l'avocat Antoine-J. Léger et M. Alexandre-J. Doucet, secrétaire-trésorier de la Société L'Assomption. On procéda d'abord à l'élection d'un président, d'un trésorier et d'un secrétaire, qui furent respectivement comme suit : l'honorable Dr David-V. Landry, l'honorable sénateur Pascal Poirier et M. Alexandre-J. Doucet.

Le président du comité, l'honorable Dr D.-V. Landry, donna ensuite lecture des résolutions passées au Monument Lefebvre et on adopta une motion à l'effet d'ouvrir une souscription publique pour la moitié du coût de l'érection d'une clôture pour enclore le terrain de la Grand-Prée.

Il fut également proposé et secondé que nos journaux acadiens soient priés de publier les listes de souscriptions et de faire un appel au public.

Cet appel fut fait et une somme de … souscrite et payée par les souscripteurs à cette fin, et cela spontanément.

Alors le comité, avant d'entrer en besogne plus active, crut qu'il serait préférable de tenir sa première assemblée avec les représentants de la compagnie de chemin de fer Dominion Atlantic sur les lieux mêmes où était sise l'église de la Grand-Prée. Et à cet effet, au cours du mois d'août 1917, l'honorable Dr D.-V. Landry, M. Alexandre-J. Doucet et Maître Antoine-J. Léger rencontrèrent à la Grand-Prée Messieurs George-E. Graham, gérant du D. A. R., et R.-U. Parker, agent général des passagers du dit chemin de fer, qui, tous ensemble, visitèrent les lieux historiques, et de là se rendirent à Kentville où l'on étudia plusieurs projets ayant trait au terrain de la Grand-Prée. Il fut convenu que les représentants du chemin de fer Dominion Atlantic prépareraient un acte de vente et le soumettraient au comité acadien.

Ce fut au printemps de 1918 qu'eut lieu à Moncton la réunion suivante, à laquelle assistaient MM. R.-U. Parker et François-G.-J. Comeau de la part du D.A.R., et MM. Alexandre-J. Doucet et l'avocat Antoine-J. Léger pour le comité acadien. On y discuta l'acte de vente que MM. Parker et Comeau avaient apporté. MM. Doucet et Léger exigèrent de plus amples concessions, entre autre le droit de construire, outre l'église, toutes autres constructions qu'ils jugeraient désirables, avec le droit de tenir des réunions sur tout le terrain de la Grand-Prée. à savoir 19 arpents. Les représentants du comité acadien s'opposèrent formellement à certaines conditions, dont la principale était celle du paiement de la moitié des dépenses de l'entretien du terrain et des constructions. Après délibérations il fut résolu que M. l'avocat Antoine-J. Léger serait prié de rédiger un acte contenant les vues du comité acadien et de le soumettre à la prochaine réunion.

Tel que convenu, M. l'avocat Léger, après s'être consulté avec le Dr. D.-V. Landry, prépara un nouvel acte qui fut soumis à la réunion du comité tenue à Moncton le 8 août 1918, à laquelle assistaient les honorables MM. Poirier et Landry, MM. Alexandre-J. Doucet, Antoine-J. Léger et le Dr Fred.-A. Richard. On y examina et discuta en principe les conditions proposées de part et d'autre, sauf modifications acceptées. On nomma un sous-comité composé de Maître Antoine-J. Léger et du sénateur Pascal Poirier, avec instruction d'ajouter certaines clauses, retrancher certaines conditions et rédiger au clair l'acte ainsi modifié.

La réunion suivante eut lieu à Moncton le 25 septembre 1918. MM. R. U. Parker et l'honorable H. Wickwire représentaient la compagnie du D.A.R. et MM. Antoine-J. Léger et Alexandre-J. Doucet le comité acadien. Maître Antoine-J. Léger soumit l'acte rédigé contenant les conditions et modifications adoptées à la séance du comité tenue au mois d'août précédent. Les délégués de la compagnie du chemin de fer Dominion Atlantic ne crurent pas pouvoir les accepter d'abord, mais décidèrent de les étudier et de faire rapport à la prochaine réunion.

Cette dernière réunion eut lieu à Halifax le 18 février 1919. L'honorable Dr D.-V. Landry et Maître Antoine-J. Léger représentaient le comité acadien et MM. Graham, Parker et Comeau la compagnie du chemin de fer. Après avoir délibéré sur les conditions de l'acte de vente préparé et rédigé par Maître Léger, cet acte fut finalement modifié par l'élimination de toutes dépenses d'entretien des lieux, sauf la moitié de l'entretien de la clôture.

C'est dû à l'amabilité de M. Alexandre-J. Doucet si j'ai pu obtenir les procès-verbaux de ces diverses réunions.

C'est à Moncton, le 28 mai 1919, que fut signé de part et d'autre le contrat de l'achat d'une partie du terrain des sites historiques de la Grand-Prée.

Appendice D

Le parc commémoratif de la Grand-Prée.

Le 28 mai 1919, la compagnie de chemin de fer Dominion Atlantic, propriétaire d'un terrain de dix-neuf arpents, plus ou moins, à la Grand-Prée, comté de King, Nouvelle-Écosse, passa un contrat avec la Société L'Assomption, représentant le peuple acadien qui désire ériger une chapelle à l'endroit, ou à peu près, où se trouvait l'église de Saint-Charles de la Grand-Prée, avant 1755.

Par ce contrat la compagnie du chemin de fer du Dominion Atlantic consent à céder à la Société L'Assomption la portion du terrain décrite comme suit : « Un morceau de terre de neuf mille six cents pieds carrés sur lequel la partie de seconde part (la Société L'Assomption) devra ériger une église qui ne devra pas excéder cinquante pieds par cent (50 x 100) suivant le plan du dit terrain. Il est entendu et agréé par les parties ci-dessus mentionnées, que la dite église sera placée de manière à ce que la flèche du clocher de la dite église soit en ligne droite avec le point d'intersection des deux axes du Parc commémoratif de la Grand-Prée : c'est-à-dire la ligne courant ouest et est passant la croix et le puits, et la ligne courant nord et sud passant par le centre du vieux chemin traversant le chemin de fer immédiatement à l'ouest de la gare. Ce terrain est cédé en fidéicommis au peuple acadien dans le but d'y ériger une église pour perpétuer le souvenir des premiers habitants français dans cette localité historique. »

Ce transport est ainsi « pour et en considération de la somme d'un dollar, argent légal du Canada, payé par la partie de seconde part à la partie de première part, avant la confection des présentes, dont quittance. »

« Il est stipulé au contrat que la partie de seconde part devra ériger une église commémorative sur le terrain décrit plus haut et devra dépenser à cette fin une somme de dix mille piastres dans les cinq ans de cette date. »

« Il est aussi stipulé au dit acte que la dite église devra être placée à l'endroit, où aussi près que possible de l'endroit qu'occupait la vieille église de Saint-Charles. »

« Il est encore stipulé que la partie de seconde part aura droit d'ériger sur le dit terrain telles autres constructions qu'elle jugera à propos pour embellir et améliorer le terrain, en vue surtout de préserver et perpétuer les traditions de l'histoire du peuple acadien ; que ces constructions devront être aussi près que possible du site occupé par les vieilles constructions dont on désire perpétuer le souvenir. »

Il est de plus stipulé « que les Acadiens auront le droit de s'assembler en congrès sur ces susdits 19 arpents du terrain ci-dessus mentionné. »

Il est de plus stipulé « que la partie de seconde part demeurera en possession dudit terrain pour son usage et avantage ainsi que telles autres parties du terrain qui pourront être cédées à la dite partie de seconde part pour les fins plus haut mentionnées et qu'elle pourra à l'avenir et pour toujours entrer et sortir librement dudit terrain. »

Il est aussi entendu de part et d'autre « que le coût de l'église et autres monuments qui y seront érigés, et leurs frais d'entretien, seront à la charge du peuple acadien, qui paiera de plus la somme de $1500 pour la construction d'une clôture permanente autour des 19 arpents de terre ; et que les dites parties partageront également les dépenses pour l'entretien du vieux puits et de la croix sur la dite propriété. »

« Toutes les autres dépenses resteront à la charge de la partie de première part (la compagnie de chemin de fer Dominion Atlantic). »

Les signatures apposées à ce contrat de vente sont, pour la Société L'Assomption, celles de David-V. Landry, président, et Alexandre-J. Doucet, secrétaire, et pour la compagnie du chemin de fer Dominion Atlantic, celle de George E. Graham, gérant général.

C'est grâce à l'amabilité de M. l'avocat Antoine-J. Léger que j'ai obtenu copie de ce précieux document.

Appendice E

Le monument d'Évangéline à la Grand-Prée.

L'idée d'ériger un monument à la Grand-Prée date déjà d'environ une quinzaine d'années, et même davantage.

À la page 236 de l'*Album Souvenir des noces d'argent de la Société Saint-Jean-Baptiste du Collège Saint-Joseph, Memramcouk, N. B.*, publié en 1894, il y a une gravure d'une femme tenant au-dessus de sa tête un médaillon de Longfellow. Au bas de cette gravure, reproduite de *La Presse*, de Montréal, on lit sous le titre : « Projet d'un monument à Longfellow », « Debout sur un tertre battu par les flots et figurant les fameux aboiteaux de la Nouvelle-Écosse, une jeune paysanne symbolisant l'Acadie, Évangéline elle-même, offre à l'admiration des siècles, aux hommages de la postérité, le médaillon de Longfellow, drapé aux couleurs américaines. »

C'est M. Jean-Frédéric Herbin[73] de Wolfville, N.-E., qui voulut ériger ce monument à la mémoire de Longfellow pour

---

[73] M. Herbin se dit Acadien, sa mère étant une demoiselle Robichaud, native de Meteghan, et sœur de l'honorable M. Robichaud, conseiller législatif à Halifax ; son père est originaire de Cambrai, France.
Comme son père, il est orfèvre de son métier, mais, de plus, c'est un poète et un littérateur estimé. Il est l'auteur de plusieurs publications, entre autres : *The History of Grand-Pré, The Marshland* (en vers) etc. Son histoire de la Grand-Prée est rendue à sa quatrième édition et une cinquième est en préparation.

avoir chanté les Acadiens et le bassin des Mines dans son poème *Évangéline*.

Si nous avons le parc commémoratif de la Grand-Prée, cela est dû, en grande partie, à M. Herbin, comme le prouve la lettre qu'il m'écrivait le 28 septembre 1920, dont voici un extrait : « En réponse à la lettre que vous m'avez adressée au sujet du parc de la Grand-Prée, je dois vous dire que j'en devins propriétaire en fidéicommis, il y a à peu près dix ans. J'ai pu recueillir, au moyen de souscriptions, le montant nécessaire pour payer en partie les quatorze arpents et j'espérais pouvoir payer le montant complet en peu d'années. Avant tout, je voulais que le titre de ce terrain fut donné à trois fidéicommissaires qui représenteraient le public.

« L'acte de vente mentionne mon nom comme devant être un des syndics jusqu'à ce que le gouvernement ou quelque commission ferait l'acquisition de tous les terrains historiques. Les choses en restèrent ainsi pendant plusieurs années. J'ai essayé, mais sans succès, d'intéresser les Acadiens dans ce projet, et finalement j'ai trouvé qu'il m'en coûtait trop de garder cette propriété. Le chemin de fer Dominion Atlantic refusa de dépenser de l'argent pour améliorer ce terrain sans avoir le titre de la propriété. Entre temps, je fis quelques améliorations, j'ai érigé une croix de pierre pour indiquer l'endroit où était le cimetière ; finalement, je vendis le lot à la compagnie de chemin de fer – qui en réalité est la compagnie du C. P. R. – avec stipulation qu'elle développerait le parc de manière à en conserver sa valeur historique et que les Acadiens auraient le droit de bâtir une église ou autre monument en souvenir des anciens propriétaires de la place – leurs pères. C'était mon idée qu'on devrait établir en cet endroit un monument à la mémoire de Longfellow. On aurait pu faire payer ce monument par les souscriptions provenant de ces lieux. Mais, pendant la guerre, les touristes et visiteurs devinrent très rares en ce pays et je décidai de transporter la propriété à la compagnie du C. P. R. Cette compagnie en a aujourd'hui la possession, et elle vient de prendre des arrangements avec la Société L'Assomption, en vertu desquels les Acadiens pourront employer une partie du terrain pour les fins de cette société.

« Je vous envoie une photographie de la statue ; à gauche on voit la croix de pierre, et à droite de la statue l'entrée du parc. L'avenue principale qui conduira au terrain sera directement en face de la statue, et mon opinion est que la face de la statue devrait se trouver vis-à-vis l'entrée indiquée dans la photographie. De cette manière elle regarderait vers le sud, où étaient les villages sur les collines. Autrefois tout le terrain qui forme le parc aujourd'hui appartenait à l'église de la Grand-Prée. Toutes les fermes acadiennes sont situées sur le versant au sud du parc. Les marais sont sur les côtés nord et ouest, courant est et ouest le long du bassin des Mines. »

C'est le 13 novembre 1911 que la Compagnie du chemin de fer Dominion Atlantic donna un bail de son chemin à la Compagnie du Pacifique Canadien, et peu d'années plus tard, M. Herbin vendit à cette Compagnie le terrain de dix-neuf arpents qui forme aujourd'hui le parc Commémoratif de la Grand-Prée.

Le 28 mai 1919, cette même Compagnie cédait aux Acadiens un morceau de terre de neuf mille six cents pieds carrés à certaines conditions.

Les autorités du chemin de fer, ayant appris que feu le célèbre sculpteur Philippe Hébert, de Montréal, avait fait, de sa propre initiative, quelques années auparavant, une maquette d'une statue d'Évangéline, chargèrent, au mois de mai 1919, M. J. M. Gibbon, agent général de publicité de la Compagnie du Pacifique Canadien, à Montréal, d'inviter M. Henri Hébert, fils du regretté défunt et aussi excellent sculpteur lui-même, à se rendre avec lui à la Grand-Prée avec la maquette modelée par son père. Là, il fut convenu que M. Henri Hébert se rendrait à Paris avec la maquette pour la faire couler. C'est M. Hoheviller, Alsacien de naissance, qui coula la statue.

Elle a sept pieds de haut et est signée comme suit : Philippe Hébert, inv. (inventavit). Henri Hébert, sculp. (sculptavit).

L'attitude est inspirée de cette phrase : « Pleurant le pays perdu ». Évangéline quitte en pleurant le pays qu'elle ne devra jamais revoir et jette un regard douloureux en arrière.

La statue a coûté au C. P. R. environ $ 3500.

Le piédestal, qui est à peu près de la même hauteur que la statue, a été dessiné, ainsi que le parc, par M. M. Percy E. Nobbs, R. C. A. Le piédestal, cependant, a été érigé tellement à la hâte que les entrepreneurs n'ont pu suivre à la lettre les dessins de l'architecte.

Les expéditeurs de la statue avaient annoncé par leur connaissance que la statue se trouvait à bord du *Tunisian*, mais à l'arrivée de ce bateau à Montréal on constata qu'elle n'y était pas. Alors il y eut grand émoi à Montréal parmi les autorités du C. P. R., et après plusieurs jours de nombreuses recherches, on découvrit la statue sur les quais de Montréal ; elle était arrivée à bord d'un autre bateau, le *Kamarima*. On s'empressa alors de l'expédier à la Grand-Prée, où elle arriva juste à temps pour être placée sur le piédestal, quelques heures seulement avant l'arrivée du train amenant les délégués de la presse impériale, à la Grand-Prée, le 29 juillet 1920. Voilà pourquoi le sculpteur Hébert, les membres du comité du Terrain de la Grand-Prée et les principaux Acadiens des provinces maritimes n'assistaient pas au dévoilement de la statue, qui eut lieu le même jour par lady Burnham, l'épouse du président des délégués.

Je tire du *Devoir*, de Montréal, le compte rendu suivant du dévoilement de cette statue :

AU MONUMENT D'ÉVANGÉLINE

« Lady Burnham, au dévoilement de la statue, a dit :

« Je ressens profondément l'honneur que vous me faites en me demandant de dévoiler cette magnifique statue d'une femme qui est devenue le type incarné de la prédicatrice. Évangéline est la noble conception d'un poète américain dont nous avons appris à lire les vers lorsque nous étions tout enfants, des deux côtés de l'Atlantique. L'histoire a répandu une lumière nouvelle sur l'histoire de l'Acadie, et nous constatons aujourd'hui que la politique anglaise n'était pas aussi noire qu'on l'a peinte.[74] Mais quel que soit le vrai de cette histoire, comme femme et comme Anglaise, je la considérerai toujours comme une des pages les plus malheureuses de nos annales. Dieu merci, ces jours sont maintenant dans le passé pour toujours, et une grande vague de sympathie monte aujourd'hui vers la destinée d'Évangéline.

« L'Empire britannique est maintenant en amitié durable avec la France, et cette amitié est plus solide, depuis quelques jours, qu'elle ne le fut jamais auparavant. La guerre, avec toutes ses horreurs et ses chagrins, nous a réunis, par la bravoure de ses fils bien-aimés et héroïques, avec des anneaux d'acier. Ypres, Vimy, la Somme, et tous ces autres faits de glorieux héroïsme sont inscrits à jamais dans nos cœurs. Si ces chers disparus pouvaient parler aujourd'hui, ils diraient : 'Restez unis et ne faites pas que notre sacrifice ait été accompli en vain.'

« Le soleil, comme une véritable bénédiction, tombe aujourd'hui sur nous tous qui sommes aujourd'hui réunis pour honorer cette douce femme. Sous ses rayons, dans votre merveilleux pays, si rempli de beautés et de promesses, nos vieilles haines sont mortes. Il ne reste plus que les deux caractères de nos races, et ces deux caractères sont dignes de l'admiration du monde entier. J'aurai maintenant le grand honneur de dévoiler la statue d'Évangéline. »

« Sir Gilbert Parker, nouvelliste canadien, et l'un des délégués de la presse impériale, a aussi parlé de l'union des races française et anglaise et fut heureux de noter que depuis la Confédération, le Canada était une des colonies britanniques les plus libres de l'empire.

---

[74] Il aurait été préférable, pour l'honneur de la vérité historique, que lady Burnham se fût abstenue de proférer de telles paroles, lesquelles ont pour but de pallier le crime de l'expulsion. Ni elle, ni d'autres ne parviendront jamais à justifier la déportation des Acadiens.

« Le Canada ne peut être annexé aux États-Unis, dit-il. Les efforts et l'influence des Canadiens-français comptent considérablement dans l'histoire internationale du Canada et des États-Unis. Mais ces jours sombres furent oubliés et tous les peuples de langue anglaise du monde, même les États-Unis, répondent maintenant de la paix du monde. »

« L'orateur exprima ensuite un hommage de gratitude pour ceux qui avaient fait don à la province et au Dominion de la statue d'Évangéline, aux compagnies de chemins de fer Dominion Atlantic et Pacifique Canadien, pour leur bel encouragement dans l'exécution de ce projet.

« Le Rév. Dr Geo. B. Cutton, président de l'Université de Acadia, a présidé la cérémonie du dévoilement.

« Évangéline, telle que le sculpteur Philippe Hébert l'a représentée dans sa statue, représente l'angoisse d'un peuple arraché à son pays, et toutes les tristesses du cœur humain. »

Appendice F

Le 7 avril 1916, je donnais une conférence à Halifax devant les membres de la Société Historique de la Nouvelle-Écosse. Cette conférence, intitulée : *La Reddition du fort de Beauséjour et l'expulsion des Acadiens*, eut lieu dans la salle du Conseil Législatif, construite sur l'emplacement même où se trouvait, en 1755, la maison du gouverneur Lawrence, chez qui se tenaient les séances du Conseil.

Ci-suit la dernière partie de ce travail, que je lus d'abord en français et ensuite en anglais :

« Ce fut à l'endroit même où nous sommes réunis ce soir, que fut finalement décidé, le 28 juillet 1755, le crime de l'expulsion de mes pères, quarante-deux jours après la reddition du fort Beauséjour.

« Et si, ce soir, les mânes de Lawrence, Belcher, Morris, Green, Collier, Cotterell, Rouse, Boscawen et Mostyn, les auteurs de cette terrible tragédie, voltigent au-dessus de nous dans cette salle, elles doivent frémir de rage de voir un arrière-arrière-petit-fils de ces malheureux Acadiens ayant la hardiesse d'apparaître en cette ville d'Halifax, devant un auditoire presque entièrement composé de personnes de langue anglaise, et peut-être aussi peu sympathique, et de mettre à nu, cent-soixante ans après, les tromperies et les noirs desseins de Lawrence et de ses acolytes, en ce crime.

« Laissez-moi ici affirmer qu'il y a dans l'Histoire de l'Acadie, ou Nouvelle-Écosse proprement dite, une tache de sang indélébile.

« Depuis nombre d'années des écrivains de langue anglaise s'évertuent périodiquement à y passer l'éponge ; mais, malgré leurs nombreux lavages, elle y est encore et rien ne pourra la faire disparaître.

« La tragédie inqualifiable du Grand Dérangement des Acadiens, en 1755, ourdie par William Shirley, gouverneur de la baie de Massachusetts, et Charles Lawrence, lieutenant-gouverneur de la Nouvelle-Écosse, apparemment sans la connaissance ni le consentement du gouvernement de la métropole, restera toujours un stigmate d'opprobre, d'horreur, de barbarie, au front de ses auteurs.

« On a beau fausser l'histoire, altérer les faits, même en les appuyant sur des preuves documentaires, fabriquées intentionnellement par des personnes intéressées à vouloir tromper Whitehall et la cour de St-James, jamais on ne parviendra à justifier l'expulsion des Acadiens.

« L'historien consciencieux, honnête, impartial, qui, sans parti pris, étudie soigneusement la correspondance relative à ce drame, ne peut venir à d'autre conclusion que la question du serment d'allégeance, qu'on exigeait des Acadiens, n'était qu'un simple prétexte pour pouvoir exécuter le plan infernal de leur bannissement du sol qui les avait vu naître et qu'ils avaient arrosé de leurs sueurs en le défrichant et le cultivant.

« La vérité, c'est que par haine du catholicisme et de l'origine française des habitants de l'Acadie, qu'on n'avait pu ni protestantiser ni angliciser, les protestants Shirley et Lawrence tramèrent le drame de la déportation. C'est Lawrence lui-même qui nous l'apprend par sa lettre du 18 octobre 1755, à sir Thomas Robinson, secrétaire d'État, où, en parlant des Acadiens qu'il vient d'expulser, il dit : 'Ils ont toujours été sans exception les ennemis acharnés de notre religion.'

« La vérité, c'est parce que les Acadiens 'étaient les propriétaires de la plus grande partie du sol et des meilleures terres de la province', ainsi écrit le même Lawrence le 1er août 1754, aux lords du Commerce et des Colonies, qu'on voulait les en chasser pour donner leurs propriétés à des colons protestants de la Nouvelle-

Angleterre et d'ailleurs, et c'est encore Lawrence qui nous le prouve par sa lettre du 18 octobre 1755 aux lords du Commerce et des Colonies, où il dit : 'Dès que les habitants français seront partis je m'efforcerai d'encourager des colons du continent de venir s'établir sur leurs terres.' Et plus loin il ajoute : 'Je me flatte d'espérer que l'évacuation du pays par les habitants hâtera grandement l'arrivée de cet état de choses, parce qu'elle nous met immédiatement en possession de grandes quantités de bonnes terres prêtes pour la culture.'

« Et cette autre lettre, datée d'Halifax le 9 août 1755, publiée d'abord dans la *New York Gazette*, du 25 du même mois, et ensuite dans la *Pennsylvania Gazette* du 4 septembre suivant, est, il me semble, assez explicite. Qu'on en juge par l'extrait suivant : 'Nous formons actuellement le noble et grand projet de chasser de cette province les Français neutres qui ont toujours été nos ennemis secrets et ont encouragé nos Sauvages à nous couper la gorge. Si nous pouvons réussir à les expulser, cet exploit sera le plus grand qu'aient accompli les Anglais en Amérique, car, au dire de tous, dans la partie de la province que ces Français habitent, se trouvent les meilleures terres du monde. Nous pourrions ensuite mettre à leurs places de bons fermiers anglais, et nous verrions bientôt une abondance de produits agricoles dans cette province.'

« La vérité, encore, c'est que la grande quantité d'animaux d'espèces chevaline, bovine et porcine que possédaient les Acadiens, fut pour Lawrence et ses acolytes, dans ce crime, un moyen d'assouvir leur cupidité. La preuve, c'est que le Kaiser qui commandait alors à Halifax a eu le cynisme de l'avouer lui-même, par sa lettre du 18 octobre 1755, aux lords du Commerce et des Colonies, comme suit : 'Dans le but de sauver le plus grand nombre possible des bestiaux appartenant aux habitants français, j'en ai placés chez les colons qui ont les moyens de les hiverner.'

« Voilà les trois principales raisons qui furent les véritables causes du Grand Dérangement. »

NOTE

Qu'on me permette de signaler les quatre faits suivants à ceux – et ils sont nombreux, paraît-il, – qui tiennent mordicus, malgré les preuves du contraire, à rejeter l'odieux de la responsabilité de l'expulsion des Acadiens sur les autorités britanniques et non sur Lawrence. Voici :

1° Comment se fait-il que Lawrence, qui avait l'habitude d'écrire régulièrement une ou deux longues dépêches chaque mois, soit au secrétaire d'État, soit aux lords commissaires du Commerce et des Colonies, ait gardé le silence du 18 juillet au 18 octobre 1755, soit trois mois ? C'est lui-même qui nous apprend ce fait par sa lettre du 18 octobre 1755 à sir Thomas Robinson, secrétaire d'État, en disant : « Depuis ma *dernière lettre* du *18 juillet 1755*. »

2° Si Lawrence eût reçu l'autorisation de chasser les Acadiens, peut-on croire qu'il eût fait des excuses au comte d'Halifax, président des lords commissaires du Commerce et des Colonies, pour son silence de trois mois envers lui, comme le prouve le passage suivant de sa longue dépêche du 9 décembre 1755, savoir : « Si en cette circonstance (« expulsion de ces misérables et perfides Français Neutres ») ou en toute autre occasion J'AI NÉGLIGÉ DE SOUMETTRE *à Votre Seigneurie ou au Bureau des lords commissaires* LES AFFAIRES SUR LESQUELLES J'AURAIS DÛ ÉCRIRE OU DONNER DES EXPLICATIONS, *c'est que la multiplicité* DES AFFAIRES GRAVES *que j'avais à régler justifierait* CES OMISSIONS *dans une certaine mesure.* » Ailleurs, au cours de cette même dépêche, il ose dire qu'il n'aurait pu accomplir ce forfait si, à cette époque, il y eut eu une Chambre d'Assemblée à Halifax.

3° Si Lawrence n'était pas le vrai coupable, pourquoi aurait-il, par sa lettre du 30 novembre 1755, fait à sir Thomas Robinson la confession suivante qui établit clairement, sans ambiguïté, que la responsabilité de la déportation des Acadiens retombe uniquement sur lui et son Conseil, savoir : « NOUS AVONS ALORS JUGÉ qu'il était grand temps d'agir – tant pour l'honneur de Sa Majesté que pour la conservation de cette province – nous avons jugé, dis-je, qu'il était grand temps QUE LES HABITANTS FRANÇAIS, ceux qui n'avaient pas abandonné leurs terres comme ceux qui les avaient abandonnées, FUSSENT EMBARQUÉS SUR LES TRANSPORTS, MIS HORS DE LA PROVINCE ET DISPERSÉS DANS LES COLONIES AVOISINANTES. »

Est-ce assez clair, assez convaincant ?

4° Il ne faut pas oublier que SIX MOIS avant que Lawrence eût décrété en son Conseil la déportation des Acadiens, il écrivait en date du 30 janvier 1755, au lieutenant-colonel Robert Monckton, alors à Boston, occupé à lever un régiment de troupes irrégulières pour s'emparer des forts Beauséjour et Gaspareau, il écrivait, dis-je, en parlant des Acadiens du district de Chignictou, comme suit : « Je ne demanderais à aucun d'eux de prêter le serment, vu que la prestation du serment NOUS LIERAIT LES MAINS ET NOUS EMPÊCHERAIT DE LES CHASSER DANS LE CAS OÙ, COMME JE LE PRÉVOIS, LA CHOSE DEVIENDRA NÉCESSAIRE. »

À mon humble avis, ces quatre faits indéniables sont plus que suffisants pour jeter sur Lawrence tout l'odieux de la responsabilité de la déportation de nos pères.

Un Cri de Ralliement

Aux Acadiens des Provinces Maritimes, de la Province de Québec, des États de la Nouvelle-Angleterre et de la Louisiane.

Le Congrès National qui vient d'avoir lieu à Church Point, N. E., a été le plus beau de tous nos congrès et en sera aussi, sans doute, le plus fructueux en heureux résultats pour notre peuple.

Le pèlerinage à la Grand-Prée, qui en a été le couronnement, a soulevé un enthousiasme extraordinaire dans le cœur de tous ceux qui y ont pris part. Cet enthousiasme s'est répandu par toute l'Acadie comme une traînée de feu sacré, et voilà pourquoi tous les esprits sont en ce moment tournés vers la Grand-Prée et son Église-Souvenir. Aussi, aujourd'hui, ce pèlerinage est-il le sujet de toutes les conversations.

Le mouvement qui, en cette occasion, a été mis sur pied, de construire une église-souvenir qui sera un fac-similé de l'église de St-Charles de 1755, rendue célèbre et chère à nos cœurs par la déportation, rencontre de toutes parts une appréciation chaleureuse.

Le comité de l'église-souvenir à la Grand-Prée, entièrement confiant dans le succès de l'entreprise, est déjà ardemment à l'œuvre dans l'organisation de sa campagne pour le prélèvement des fonds nécessaires pour ériger ce monument national.

Chez les individus, on dit que du choc des idées jaillit la lumière. Par déduction, et avec autant de raison, on pourrait dire, n'est-ce pas, en parlant des peuples, que du choc des faits et gestes des races surgissent de grands et glorieux événements.

C'est pourquoi, depuis le pèlerinage à la Grand-Prée, le mouvement national, dont le but est d'ériger l'église-souvenir, inauguré il y a quelques mois, a reçu d'un bout à l'autre de l'Acadie, et même dans la province de Québec où, plus que jamais, nous en avons déjà eu la preuve, nous comptons des milliers de frères, un essor extraordinaire et vibrant du plus pur comme du plus enthousiaste patriotisme.

Ceux à qui a été confiée la tâche de prélever des fonds, saisis de cette même ardeur patriotique, entrevoient maintenant la possibilité incontestable d'amasser les sommes voulues qui nous permettront de mener cette belle entreprise nationale à une réussite complète. Nous sommes donc en bonne voie d'écrire en lettres d'or la plus glorieuse page de notre histoire. La déportation deviendra d'abord un rapatriement moral pour devenir par la suite un véritable rapatriement, et cela dans un avenir relativement rapproché. Rallions donc nos forces, nos volontés et nos énergies sous l'étendard d'un patriotisme éclairé, sincère et désintéressé et nous verrons bientôt la réalisation de ce que nous venons d'énoncer. Bref, l'ancienne Acadie deviendra une nouvelle Acadie et les fils reviendront au berceau de leurs pères.

Ce n'est pas une exagération de dire qu'il y a aujourd'hui un demi-million d'Acadiens, et voici comment nous établissons le fait : dans les provinces maritimes, les Acadiens sont au nombre de plus de 200.000 ; il y en a autant dans la province de Québec et dans la Nouvelle-Angleterre ; à la Louisiane et à Terre-Neuve, 100.000.

Notre plan est d'atteindre tous les hommes, femmes et enfants qui composent ce tout qui est le peuple acadien, en enregistrant sur nos listes leurs noms avec leurs contributions, quelque minimes soient-elles. Notre-Seigneur, pendant les jours de sa vie mortelle, reçut avec un sourire aux lèvres la pauvre veuve qui déposa son obole dans le tronc placé dans le temple pour y recevoir les aumônes. Ces noms seront ensuite fidèlement inscrits sur les murs intérieurs de l'église-souvenir à la Grand-Prée, ou recueillis dans des registres qui y seront religieusement conservés ; le tout bien rangé par ordre alphabétique et disposé par provinces, diocèses, succursales d'associations et familles.

Quelle excellente et sublime idée a donc surgi de ce pèlerinage à la Grand-Prée ! Quel beau geste, n'est-ce pas, si de cette vieille souche de la race acadienne de 1755, d'où ont jailli des centaines de milliers de rameaux jetés par la main du destin à travers toute l'Amérique du Nord, nous pouvions, après 166 ans, réunir en faisceaux tous ces rameaux pour les déposer au berceau même de l'origine de la race pour y être conservés pour l'édification des générations futures !

Aux yeux de l'univers entier, ce serait donner l'exemple d'une survivance prodigieuse, le plus frappant que n'ait jamais enregistré l'histoire des peuples. Pourquoi ne pas accomplir ce merveilleux et phénoménal tour de force ? Ce dénombrement serait non seulement la plus grandiose page de notre histoire, mais ce serait encore l'attestation irrécusable de la plus haute moralité, qui seule a pu produire cette croissance pour ainsi dire merveilleuse qui n'a jamais existé chez aucune autre race au témoignage des siècles.

Ce qu'il est convenu, dernièrement, d'appeler le terrain de la Grand-Prée est un champ de 19 arpents que le chemin de fer « Dominion Atlantic » ou, autrement dit, le Canadien Pacifique, a acheté il y a une couple d'années pour en faire un *parc national* pour les touristes. Sous une impulsion quelconque, mais qui, dans tous les cas, tient du providentiel, cette compagnie nous a octroyé, à titre légal, la partie du terrain sur laquelle, en 1755, étaient l'église, le presbytère et le cimetière, avec la seule stipulation que nous y érigions un monument qui sera un ornement pour ce parc que le Canadien Pacifique veut rendre le plus magnifique de tout son système de chemin de fer en Amérique. Elle a les fonds voulus et mènera certainement à une entière réalisation son dessein, qui se résume à en faire un lieu d'une très grande attraction pour les voyageurs. Il nous incombe donc par une triple obligation d'y élever un monument qui, premièrement, sera digne de la mémoire de nos ancêtres, deuxièmement, sera à la hauteur de notre fierté nationale, et, en dernier lieu, satisfera les obligations de la reconnaissance envers ce *chemin de fer*.

Nous sommes donc déterminés, secondés, comme nous en avons la certitude de l'être, par un demi-million de nos compatriotes, d'ériger ce monument. Nos listes de souscriptions sont ouvertes. Nous nous berçons de l'espoir que nous serons en mesure de commencer les travaux au printemps et que le 15 août prochain, jour de notre fête nationale, l'Assomption, nous en ferons la dédicace au milieu d'un concours extraordinairement nombreux d'Acadiens et de frères canadiens accourus de toutes les parties de l'Amérique du Nord. Tout ceci, de prime abord, pourrait vous apparaître comme une échauffourée ; mais détrompez-vous, ce n'est pas un rêve. Nous taxer de rêveurs en ce casci, ce serait récuser, Messieurs, votre patriotisme, et votre fierté nationale, qui sont la garantie sur laquelle nous comptons pour assurer la réalisation de notre projet dans un avenir très prochain. N'avons-nous pas raison de tenir ce langage si nous vous disons qu'au retour du pèlerinage de la Grand-Prée, à l'occasion du Congrès, deux cent dix délégués ont spontanément souscrit $ 4000 en faveur du projet ?

Certes, nous avons raison, et le souffle d'enthousiasme qui, depuis l'inauguration de ce mouvement, agite tous les cœurs et tous les esprits, nous fait entrevoir un horizon brillant des plus belles espérances, et sur lequel nous lisons le signe précurseur d'une ère nouvelle pour l'historique village de la Grand-Prée. Pour être plus précis, disons que l'édification seule de l'église-souvenir à la Grand-Prée ne satisfera pas pleinement notre ambition nationale, mais nous avons des conceptions d'une plus grande envergure encore à la réalisation desquelles, dans les circonstances, nous sommes justifiables de croire. Allons donc, tout le monde à l'œuvre ! Mettons de côté les intérêts personnels, cessons nos divisions et travaillons à l'unisson pour le triomphe et le succès de la cause commune. Debout donc, Acadiens !

La Grand-Prée sera définitivement consacrée comme un lieu de pèlerinage national, où, au retour de la belle saison, chaque année, nous nous rencontrerons pour compter nos victoires dans la voie du progrès matériel, social et moral.

Shédiac, N. B., le 5 septembre, 1921.

A. D. CORMIER, Ptre, Président,

F. J. ROBIDOUX, Secrétaire,

Comité de l'Église-Souvenir à la Grand-Prée.